하늘이 내린
시조 임금님들

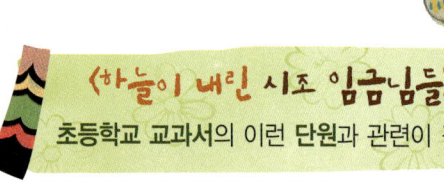

〈하늘이 내린 시조 임금님들〉은 초등학교 교과서의 이런 단원과 관련이 깊어요.

 6학년 2학기 국어
   2. 살며 배우며
     (2) 여러 갈래의 길 – 〈단군의 건국 이야기〉

 5학년 2학기 사회
   3. 우리 겨레의 생활 문화
     (2) 민속을 통해 본 조상들의 삶

 6학년 1학기 사회
   1. 우리 민족과 국가의 성립
     (1) 하나로 뭉친 겨레
     (2) 민족을 다시 통일한 고려
     (3) 유교를 정치의 근본으로 삼은 조선

 2학년 2학기 바른 생활
   3. 아름다운 우리나라

오십 빛깔 우리 것 우리 얘기 ⑯

하늘이 내린
시조 임금님들

우리누리 글 • 정소영 그림

주니어중앙

추천의 말

어린이가 꿈을 키우는 터전

꿈 많은 어린 시절엔 장대한 역사와 위대한 문화유산에 관한
책을 읽는 것이 좋다.
거기에는 어린이가 꿈을 키우는 터전이 있기 때문이다.
감수성 예민한 어린 시절엔 흥미로운 그림을 통하여
재미있게 이야기를 풀어간 책이 좋다.
그것은 시각적 인식을 통해 어린이의 상상력을 자극하기 때문이다.
『오십 빛깔 우리 것 우리 얘기』는 이런 필요조건을 갖춘
고급 어린이 교양도서라 할 만한 것이다.

유홍준
(전 문화재청장, 현 명지대 교수,
『나의 문화유산 답사기』 저자)

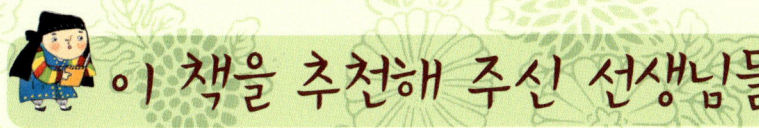

이 책을 추천해 주신 선생님들

● 전래놀이, 풍속과 관련된 수업에 활용하고 있습니다. 옛 풍속과 관련해서 요즘에는 잘 사용하지 않는 용어들이 있어서 아이들이 어려워하는데, 이 책에는 사진 자료와 함께 쉽고 정확하게 설명이 되어 있어 아이들이 이해하기 쉽게 되어 있습니다.
― 손영수 선생님(가사초등학교)

● 아이들이 우리의 전통문화를 쉽게 접할 수 있도록 도움을 주는 소중한 자료입니다. 우리 학교의 독서 퀴즈 대회에서 매년 사용하는 책이랍니다.
― 성주영 선생님(도당초등학교)

● 우리의 옛 풍습과 문화, 관혼상제 등에 대해 자세히 설명되어 있어 수업을 하기 전에 미리 읽어 오라고 하는 도서입니다.
― 전은경 선생님(용산초등학교)

● 우리의 문화와 역사를 초등학생들이 이해하기 쉽도록 재미있는 옛이야기로 풀어낸 점이 가장 마음에 듭니다. 초등 교과와 연계된 부분이 많아 학교 수업에 많이 활용하는 도서입니다.
― 한유자 선생님(삼일초등학교)

김임숙 선생님(팔달초)	조윤미 선생님(화양초)	이경혜 선생님(군포초)	염효경 선생님(지동초)
오재민 선생님(조원초)	박연희 선생님(우이초)	박혜미 선생님(대평중)	이진희 선생님(수일초)
최정희 선생님(온곡초)	정경순 선생님(시흥초)	박현숙 선생님(중흥초)	김정남 선생님(외동초)
이광란 선생님(고리울초)	김명순 선생님(오목초)	신지연 선생님(개포초)	심선희 선생님(상원초)
문수진 선생님(덕산초)	정지은 선생님(세검정초)	정선정 선생님(백봉초)	김미란 선생님(둔전초)
김미정 선생님(청덕초)	조정신 선생님(서신초)	김경아 선생님(서림초)	김란희 선생님(유덕초)
정상각 선생님(대선초)	서흥희 선생님(수일중)	윤란희 선생님(안산시근로자시민문화센터어린이도서관)	

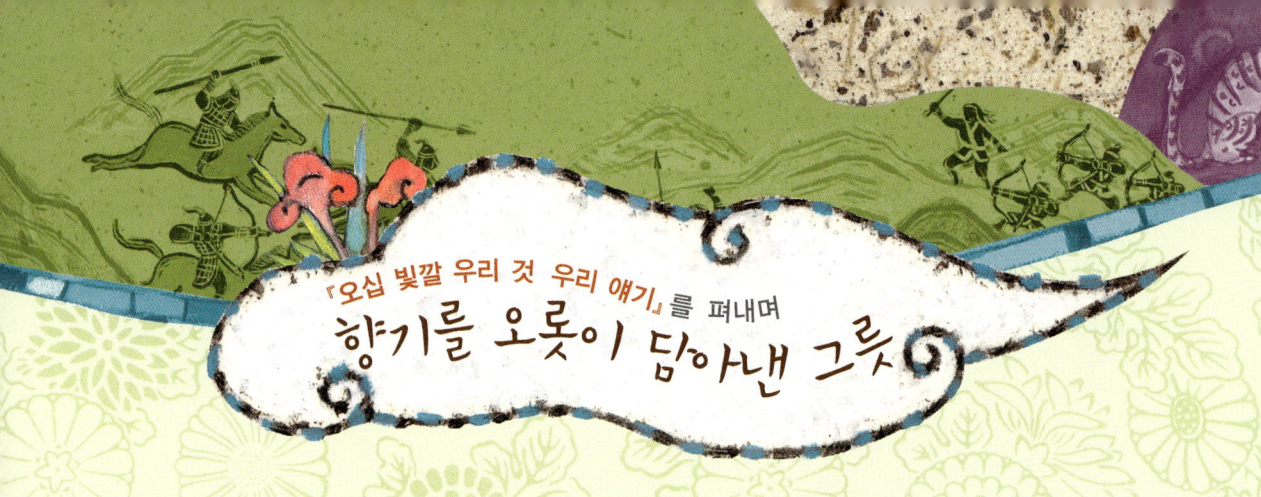

『오십 빛깔 우리 것 우리 얘기』를 펴내며
향기를 오롯이 담아낸 그릇

　『오십 빛깔 우리 것 우리 얘기』 시리즈가 처음 출간된 지 어느덧 16년이 되었습니다. 그동안 수많은 어린이와 부모님, 그리고 선생님들의 사랑을 받으며 전 50권이 완간되었고, 어린이 옛이야기 분야의 고전(古典)이자 스테디셀러로 굳건히 자리매김해 왔습니다.

　이 시리즈는 '소중히 지켜야 할 우리 것'에 대한 이야기를 어린이를 위해 '쉽고 재미있게' 풀어쓴 책입니다. 내용으로는 선조들의 생활과 풍습 이야기, 문화재와 발명품 이야기, 인물과 과학기술·예술작품 이야기, 팔도강산과 고유 동식물 이야기 등 우리나라 역사와 전통문화 모든 영역을 총망라하고 있습니다. 그리고 이를 50가지 주제로 엮어 저학년 어린이도 얼마든지 볼 수 있도록 맛깔나는 옛이야기로 담아냈습니다. 장대한 역사와 위대한 문화유산을 배우기에 옛이야기만큼 좋은 형식도 없기 때문입니다.

　대한민국 국민으로서 알아야 하고 전해야 할 우리 것, 우리 얘기는 아주 많습니다. 그동안 이 시리즈를 통해 많은 어린이가 우리 것을 알게 되고, 우리 얘기를 사랑하게 되었을 것입니다. 시간이 흘러도 역사와 전통문화의 향기는 변하지 않기 때문입니다.

하지만 저희는 그 향기를 담아내는 그릇이 그간 색이 바래고 빛을 잃었다는 사실에 가슴이 아프고 안타까웠습니다. 그래서 책에서 전하는 우리 것의 향기를 오롯이 담아낼 수 있는 새로운 그릇을 찾고자 하였습니다. 그 그릇을 통해 향기가 더욱 그윽해지고 멀리까지 퍼져서 수백 년, 수천 년 전의 우리 것이 오늘날에도 살아 숨 쉴 수 있도록 생명력을 주고자 하였습니다.

이에 몇 가지 원칙을 가지고 『오십 빛깔 우리 것 우리 얘기』 시리즈를 새롭게 출간하게 되었습니다.

◎ 원작이 가지는 옛이야기의 맛과 멋을 그대로 살렸습니다.
◎ 요즘 독자들의 감각에 맞추어 디자인과 그림을 50권 전권 전면 개정하였습니다.
◎ 교과 학습의 길잡이가 될 수 있도록 연계 교과를 표시하였습니다.
◎ 학습정보 코너는 유익함과 재미를 함께 줄 수 있도록 4컷 만화, 생생 인터뷰, 묻고 답하기 등으로 내용을 재구성하였고, 최신 정보와 사진을 수록하였습니다.
◎ 도표, 연표, 역사신문, 체험학습 등으로 권말부록을 풍성하게 꾸며서 관련 교과 학습을 강화하였습니다.

이 책을 처음 읽었을 8살 꼬마 독자는 지금쯤 나라와 민족에 긍지를 가진 25살 자랑스러운 대한민국 청년이 되었을 것입니다. 그 청년이 부모가 되어서도 자녀에게 다시 권할 수 있는 그런 책이 되기를 바라며, 이 시리즈를 오십 빛깔 그릇에 정성껏 담아 내어놓습니다.

2010년 가을 주니어중앙

하늘에서 내린 임금님

고조선, 신라, 가야, 고구려, 백제, 발해, 고려, 조선. 우리 땅에 일어선 나라들이에요. 나라 이름은 다르지만 모두 우리 민족이 세운 나라들이지요. 한 인물이 나타나 나라가 일어설 때엔 온갖 신기한 일이 많았답니다. 하늘의 신과 땅의 신과 물의 신들이 힘을 보태주었지요. 하늘과 땅이 먼저 새 세상을 열 인물을 알아본 거예요.

나는 원래
신기한 이야기 좋아하지 않아.
처음에 동명왕 이야기를 보고
황당하고 괴이한 일이라 하였노라.
다음에 천천히 살펴보니
그 변화를 헤아릴 수 없구나.
역사에 기록된 바른 글인데
글자 한 자인들 헛될 수 있으랴.

　고려 사람 이규보가 '동명왕의 노래'에서 읊은 거예요. 동명왕은 고구려를 세운 주몽이랍니다. 처음에는 믿을 수 없는 이야기라며 돌아보지 않았는데 다시 찬찬히 읽어보니 그 안에 담긴 게 끝이 없다는 거예요. 한 글자라도 허투루 볼 게 없다는 거예요.

　단군왕검, 박혁거세, 김수로, 고주몽, 온조, 대조영, 왕건, 이성계. 하늘이 낸 시조 임금님들이에요. 예사롭지 않게 태어난 이들은 온갖 시련을 이겨내고 마침내 나라를 세웠지요.

　옛사람들은 우리 땅에 나라를 세운 이들을 잊지 않았어요. 나라에 힘든 일이 생기면 우리에게 하늘이 낸 임금이 있었다는 걸, 우리가 하늘과 통하는 민족이라는 걸 되새겼답니다.

어린이의 벗 우리누리

차례

고조선 • 하늘과 통한 지배자 단군왕검 12
백두 낭자·한라 도령의 역사 인물 인터뷰
고조선 최초의 법에 대해 알고 싶어요 22

신라 • 밝게 세상을 다스린 박혁거세 24
백두 낭자·한라 도령의 역사 인물 인터뷰
화랑도는 어떻게 해서 만들어지게 되었나요? 34

가야 • 왕이 되어서도 흙집에서 산 김수로 36
백두 낭자·한라 도령의 역사 인물 인터뷰
가야는 왜 삼국 시대에 끼지 못했던 건가요? 46

고구려 • 활 솜씨가 뛰어난 주몽 48
백두 낭자·한라 도령의 역사 인물 인터뷰
고구려에 대해 좀 더 알고 싶어요 58

백제 • 좋은 땅을 알아본 온조 60
백두 낭자·한라 도령의 역사 인물 인터뷰
삼국 중 가장 먼저 전성기를 맞이한 나라가 백제라고요? 70

발해 • 당나라를 물리친 대조영 72
백두 낭자·한라 도령의 역사 인물 인터뷰
발해를 해동성국이라고도 불렀다고요? 82

후백제 • 나라를 되살리려 애쓴 견훤 84
백두 낭자·한라 도령의 역사 인물 인터뷰
후백제는 왜 망하게 되었나요? 94

후고구려 • 도둑의 무리를 이끌다가 왕이 된 궁예 96
백두 낭자·한라 도령의 역사 인물 인터뷰
후고구려는 나라의 이름이 여러 번 바뀌었다면서요? 106

고려 • 고구려의 기상을 이어받은 왕건 108
백두 낭자·한라 도령의 역사 인물 인터뷰
고려 건국에 대한 이야기를 좀 더 듣고 싶어요 118

조선 • 소문대로 왕이 된 이성계 120
백두 낭자·한라 도령의 역사 인물 인터뷰
조선의 도읍지, 한양에 대해 알고 싶어요 130

부록 교과가 튼튼해지는 우리 것 우리 얘기 132
왕과 관련된 또 다른 신화

아주 오랜 옛날, 하늘에는 환인이라는 신이 있었어요. 환인은 아무런 걱정거리 없는 하늘나라가 정말 좋았어요. 하지만 환인의 아들인 환웅은 조용하기만 한 하늘나라가 재미가 없었어요. 그래서 자꾸만 인간 세상을 내려다보았어요. 환인은 그런 아들이 못마땅했어요.

"어찌하여 자꾸 인간 세상에 관심을 보이는 것이냐. 인간 세상이 그리도 좋은 것이냐?"

"예."

"허어! 아옹다옹 다투기 좋아하는 인간 세상이 뭐가 그리 좋다는 게냐?"

아버지의 꾸지람에도 아랑곳없이 환웅은 이렇게 당당하게 대답했어요.

"사람들에게 도움을 주고 싶습니다. 법도 만들고, 농사짓는 방법도 가르쳐주고……. 그래서 모든 사람들이 굶주리지 않고 다같이 평화롭게 잘살게 해주고 싶습니다."

환인은 사랑하는 아들이 도대체 무엇 때문에 인간 세상을 그렇게 좋아하는지 궁금했어요. 그래서 관심을 가지고 인간 세상을 내려다보았어요. 환인이 내려다본 곳은 태백산이었어요. 그곳엔

초록색 소나무와 붉은 단풍이 아름답게 어우러져 있었어요. 나무들 사이로 산토끼를 잡고 뽐내는 사람도 보였어요. 환인은 그까짓 산토끼 한 마리를 가지고 으스대는 꼴이 우스웠어요.

환인은 빙그레 웃으며 골짜기 쪽으로 눈길을 돌렸어요. 그때, 열매를 따서 아이에게 먹이는 엄마의 모습이 눈에 들어왔어요.

'응? 아이의 엄마도 배가 몹시 고픈 듯한 표정인데…….'

환인은 굶주린 엄마와 아

아가 너무 안쓰러워 혀를 찼어요. 환인의 마음에도 사람들을 도와주고 싶다는 생각이 점점 커졌어요. 그래서 아들인 환웅을 불렀어요.

"환웅아, 네 소원을 들어주겠다. 곧장 인간 세상으로 내려가라. 가서 사람들에게 이로운 일들을 해라. 아, 풍백과 우사와 운사도 함께 데려가거라. 그들이 있으면 농사짓기가 한층 더 쉬워질 게다."

풍백과 우사와 운사는 바람과 비와 구름을 다스리는 신이에요.

"네, 아버지! 그렇게 하도록 하겠습니다."

이렇게 해서 환웅은 풍백, 우사, 운사, 그리고 3천 명의 무리와 함께 인간 세상으로 내려왔어요.

환웅이 맨 처음 발을 내디딘 곳은 태백산 마루턱에 있는 신단수 아래였어요. 환웅은 그곳을 신시라고 부르기로 했어요.

그때부터 환웅은 그곳에 사는 사람들을 다스렸어요. 어떻게 다스렸느냐구요? 먼저 농사짓는 법을 가르쳐주어 곡식이 무럭무럭 자라도록 했어요. 그리고 착한 일과 나쁜 일을 가려 법을 만들고, 죄를 지은 사람에게는 벌을 주기도 했어요. 사람들의 목숨과 질

병까지 환웅이 신경 쓰지 않은 곳이 하나도 없었어요. 환웅이 한 일을 손으로 꼽아 보면 엄청나게 많아요. 사람과 관련된 360여 가지 일을 했으니까요.

한편 신단수에서 그리 멀지 않은 곳에 호랑이 한 마리와 곰 한 마리가 같은 굴 속에서 살고 있었어요. 그들은 늘 사람이 되게 해 달라고 환웅에게 빌었어요. 맘씨 고운 환웅은 정성을 다해 비는 호랑이와 곰의 소원을 무시할 수가 없었어요. 그래서 신령스러운 쑥 한 줌과 마늘 스무 쪽을 주면서 말했어요.

"백 일 동안 햇빛을 보지 말고 이 쑥과 마늘을 먹어라. 그러면 사람이 될 것이다."

"환웅님! 정말 고맙습니다."

호랑이와 곰은 환웅이 준 쑥과 마늘을 조심스럽게 들고 굴 속으로 들어갔어요. 날마다 쑥과 마늘만 먹는다고 생각해 봐요. 얼마나 속이 쓰리겠어요. 하지만 호랑이와 곰은 사람이 되었을 때의 기쁨을 생각하며 견뎠어요.

"사람이 되면 먼저 친구를 사귀어야지."

"난 맛있는 걸 많이 먹을 거야. 어휴, 배고파."

며칠이 지났어요. 호랑이는 더는 참을 수 없다는 듯 데굴데굴

구르며 소리를 질렀어요. '어흥' 하는 구슬픈 소리가 산속에 쩌렁쩌렁 울렸어요.

"곰아, 더 이상 못 견디겠어. 배가 너무 고파."

"조금만 참아."

곰이 호랑이를 달랬어요. 하지만 호랑이는 굴 밖으로 뛰쳐나가 버렸어요. 곰은 매우 안타까웠어요.

'이까짓 배고픔을 견디지 못하고 나가다니……. 호랑이는 정말 바보야.'

홀로 남은 곰은 눈물을 삼켰어요. 배고플 때마다 참으라고 다독거려 주었던 호랑이가 옆에 없으니 쓸쓸했어요. 그래도 곰은 꾹 참고 견뎠어요.

그렇게 21일이 지났어요. 백 일이 되려면 한참 남았는데 곰의 몸이 서서히 변했어요. 아름다운 여자가 되었지요. 사람들은 곰이 변해서 된 여자를 웅녀라고 불렀어요.

웅녀는 생각이 깊고 다정한 사람을 만나 혼인하고 싶었어요. 하지만 찾을 수가 없었어요. 만나는 사람마다 웅녀의 마음에 차지 않았거든요. 그래서 다시 한 번 환웅에게 빌기로 했어요.

"환웅님의 도움으로 사람이 됐어요. 하지만 혼인할 사람이 없어요. 부디 제가 훌륭한 남편을 만나도록 도와주세요."

웅녀는 신단수 아래에서 빌고 또 빌었어요. 하지만 좋은 사람을 만날 수가 없었어요. 환웅이 귀머거리가 되어 버린 걸까요?

아니에요. 환웅은 신단수 아래에서 들려오는 소리를 들었어요. 하지만 사람들이 비는 소원을 모두 들어줄 수는 없기에 정성을 다해 비는 소원인지 아닌지를 잘 가려야 했어요.

처음에 환웅은 '저렇게 빌다가 말겠지.' 하고 생각했어요. 그런 소원을 비는 사람이 꽤 많았거든요. 그러나 웅녀는 쉽게 그만두지 않았어요. 환웅은 슬슬 호기심이 생겼어요.

'정말 끈질기군. 도대체 어떻게 생긴 여인일까?'

환웅은 살그머니 신단수 위로 내려왔어요. 그리고 몰래 웅녀를 훔쳐보았어요. 웅녀는 정말 예뻤어요. 환웅은 어여쁜 웅녀가 마음에 쏙 들었어요. 그리고 웅녀의 남편감으로는 자신밖에 없다고 생각했어요. 그래서 잠깐 사람으로 변신해 웅녀와 혼인했어요.

하늘에서 내려온 환웅과 혼인한 뒤, 웅녀는 사내아이를 낳았어요. 이 아이가 바로 단군이에요. 단군은 지혜롭고 씩씩하게 자랐

어요. 늠름한 청년이 된 단군은 평양성에 도읍을 정하고 조선이라는 나라를 세웠어요. 그때엔 왕이라는 말이 없었어요. 그래서 사람들은 단군에게 임금님을 뜻하는 왕검을 붙여 '단군왕검'이라고 불렀어요. 단군왕검은 하늘과 통하는 강한 지배자로 하늘에 제사를 지내는 일과 사람을 다스리는 일을 한꺼번에 맡았어요.

또한 단군왕검이 세운 나라인 조선은 나중에 이성계가 세운 조선과 구분하기 위해 고조선이라고 부르게 되었어요.
 옛날 조선이라는 뜻을 가진 고조선, 이 나라가 바로 우리나라에 세워진 첫 번째 나라랍니다.

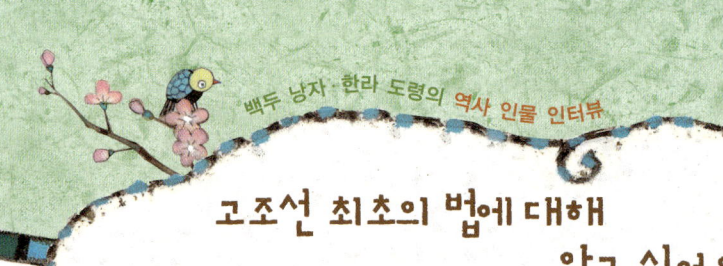

고조선 최초의 법에 대해 알고 싶어요

 단군왕검님, 고조선이 청동기 시대에 세워진 최초의 국가라고 들었어요. 그 말이 사실인가요?

그래, 사실이란다. 도구의 발달로 농사를 짓고 짐승을 잡는 일들이 훨씬 쉬워지면서 식량을 많이 가진 사람들과 적게 가진 사람들이 생기게 되었단다. 그래서 마을과 마을 사이에는 재물이나 농사짓기 좋은 땅을 차지하기 위해 전쟁이 나곤 했지. 그런데 전쟁에서 진 마을 사람들은 이긴 마을 사람들의 노예가 되어야 했어. 그래서 난 내가 속한 마을 사람들을 지키고 부유하게 살게 하기 위해서 나라를 세우고 다스리게 되었단다.

 아, 그렇군요. 그런데 단군왕검께서 세우신 조선이란 나라는 어떤 나라였는지요? 백성들 사이에는 아무런 문제가 없었나요?

왜 없었겠니. 나라 안에도 곡식과 짐승을 많이 가진 부자들과 가난한 사람들이 있었

농사짓는 모습이 새겨진 농경문 청동기예요.

는걸……. 문제는 사람들이 욕심꾸러기가 되어버렸다는 거야. 부자들은 더욱 더 큰부자가 되려고 안간힘을 썼고, 가난한 사람들은 부자의 곡식을 훔치곤 했지. 또 일하지 않고 빈둥빈둥 놀던 힘센 사람은 힘으로 남의 곡식을 뺏기도 했단다.

 아! 그래서 '8조법'을 만드셨던 거군요?

그렇지. 나는 백성들의 재산을 지켜주는 법이 필요하다고 생각했단다. 도둑과 싸움꾼에게 벌을 줄 수 있는 법 말이야. 그래서 '8조법'을 만들어 백성들로 하여금 지키도록 명령하였단다.

 이제 알겠어요. 그러한 법이 있었기 때문에 고조선 시대에 사회의 질서가 유지되고, 백성들의 재산이 지켜질 수 있었던 거군요.

단군왕검에게 제사를 지내는 곳인 강화도 마니산에 있는 참성단이에요.

지금의 경상도 지방인 진한에는 여섯 마을이 있었어요. 마을마다 우두머리인 지혜로운 촌장이 있었는데, 모두 하늘에서 내려온 사람이었어요. 이 여섯 촌장은 나중에 이씨, 정씨, 손씨, 최씨, 배씨, 벽씨의 조상이 되었지요.

　여섯 마을에는 왕이 없었어요. 그래서 각 마을의 사람들은 사이좋게 지내다가도 서로 화를 내며 다투기도 했어요. 또한 다른 나라에서 쳐들어오면 당해 낼 힘도 없었어요. 만약 왕이 있다면 여섯 마을이 하나가 되어 이런 문제들을 해결할 방법을 쉽게 찾을 수 있을 텐데 안타까운 일이었지요.

　생각하다 못한 여섯 촌장들은 삼월 초하루에 알천 언덕으로 모였어요. 서로 의논이나 해 볼 셈이었어요.

　먼저 알천에 있는 양산 마을의 촌장인 갈평이 말했어요.

　"지금 우리에겐 왕이 없어요. 그래서 백성들이 제멋대로예요. 하루빨리 왕이 나와야 해요."

　그러자 다른 촌장들도 모두 맞장구를 쳤어요.

　"맞아요. 촌장인 우리가 아무리 잘 다스리려고 해도 한계가 있어요. 우리 모두를 다스릴 큰 힘을 가진 왕이 나와야 백성들도 잘 따를 거예요."

"빨리 나라를 세우고 도읍을 정해야 한다는 건 모두 같은 생각일 거예요. 하지만 누구를 왕으로 모시지요?"

그 말에 촌장들은 꿀 먹은 벙어리처럼 입을 꼭 다물었어요. 하늘에서 왕을 내려 주지 않고서야 다른 뾰족한 수가 없었거든요. 애써 모인 보람도 없이 여섯 마을 촌장들은 언덕에서 내려와야 했어요.

고허촌의 촌장은 그날 밤부터 잠을 이루지 못했어요. 하늘에 제사를 올려 왕을 모셔야겠다는 생각도 들었어요. 얼마나 고민을 많이 했던지 두 눈이 움푹 파일 정도였어요. 이런 촌장의 모습을 지켜보는 집안 식구들의 걱정도 이만저만이 아니었어요.

"그러다가 큰 병이라도 나면 어떡해요?"

촌장의 아내는 바람이라도 쐬고 오라고 촌장의 등을 억지로 떠밀었어요.

마지못해 촌장은 뒷산으로 올라갔어요. 그런데 나무 그늘에 앉아 쉬고 있던 촌장의 눈에 이상한 빛이 보였어요. 양산 밑에 있는 나

정이라는 우물가였어요. 신비스러운 빛이 서린 우물가에서 새하얀 말이 땅바닥에 꿇어 앉아 절을 하고 있었어요.

"이상한 일이군."

고허촌의 촌장은 재빨리 다른 마을의 촌장들에게 알렸어요. 그리고 다시 부리나케 나정으로 달려왔어요. 다른 촌장들도 서둘러 나정으로 달려왔어요. 촌장들의 발자국 소리가 우물가에 쿵쿵 울렸어요.

이때, 소리를 들은 흰 말이 '이히힝' 하고 길게 울었어요. 말 울음소리에 놀라 촌장들은 발걸음을 멈추었어요.

흰 말은 촌장들을 지그시 쳐다보았어요. 그러고 나서 곧장 하늘로 올라가 버렸어요.

촌장들은 흰 말이 올라간 하늘을 올려다보았어요. 언제 흰 말이 올라갔는가 싶게 하늘은 구름 한 점 없이 맑았어요. 흰 말은 더 이상 보이지 않았지요.

그제야 촌장들은 말이 앉아 있던 곳을 살펴보았어요. 그곳엔 커다란 알이 한 개 있었어요. 그런데 그 알은 보통 알처럼 흰색이 아니라 자주색이었어요.

살금살금 촌장들이 다가갔어요.

"이야!"

촌장들은 깜짝 놀랐어요. 손도 까딱 안 했는데 알이 저절로 깨졌으니까요.

알 속에는 똑똑하고 예

쁘게 생긴 사내아이가 들어 있었어요. 얼마나 예뻤는지 보지 않은 사람은 모를 거예요.

촌장들은 아이를 동천이라는 샘으로 데리고 갔어요. 갓 태어난 아이는 깨끗하게 씻어 주어야 하거든요. 목욕이 끝나자 아이의 몸에서 밝은 빛이 났어요.

그러자 사람들을 피해 꼭꼭 숨어 있던 토끼와 노루가 달려나와 춤을 추기 시작했어요. 새들도 날아와 즐겁게 지저귀었어요. 또한 갑자기 하늘과 땅이 울리더니, 해가 아주 밝아졌어요. 구름 낀 하늘에 갑자기 해가 나온 것처럼요.

촌장들은 하늘에서 여섯 마을을 다스릴 왕으로 아이를 내려 준 게 분명하다고 생각했어요. 그렇지 않고서야 이런 이상한 일이 일어날 리가 없으니까요.

촌장들은 아이의 이름을 혁거세라고 부르기로 했어요. 혁거세는 '밝게 세상을 다스린다.'는 뜻이에요. 또 혁거세가 나온 알의 모양이 박과 같아서 '박'이라는 성을 붙여 주었어요.

한편, 사양리에 있는 알영정이란 우물가에서도 이상한 일이 일어났어요. 닭의 부리를 한 용이 나타난 거예요. 물을 긷던 아낙네들은 너무 놀라 부리나케 도망쳤어요. 하지만 나이가 든 할머니는 젊은 아낙네처럼 빨리 달아날 수가 없었어요. 겨우 우물가를 벗어날 뿐이었어요. 할머니는 커다란 나무 뒤에 숨어 우물가를 지켜보았어요.

용은 계속 우물가를 빙빙 맴돌았어요. 그러다가 겨드랑이 사이로 여자아이를 낳고는 사라졌어요.

그제야 할머니는 우물가로 되돌아왔어요. 용이 낳은 여자아이는 얼굴은 매우 고왔는데, 입술이 보기 싫었어요. 닭의 부리가 붙어 있었거든요.

할머니는 여자아이를 월성 북쪽에 있는 냇물에 데리고 가서 목욕을 시켰어요. 그러자 아이의 입술에 붙어 있던 부리가 떨어졌어요. 할머니는 여자아이에게 알영정에서 나왔다고 해서 알영이라는 이름을 붙여 주었어요.

용이 여자아이를 낳았다는 이야기가 촌장들의 귀에까지 들어갔어요. 촌장들은 하늘에서 혁거세의 아내로 여자아이를 준 것이 틀림없다고 생각했어요.

마침내 혁거세가 열세 살이 되었어요. 촌장들은 혁거세가 나라를 다스려야 할 때가 되었다고 생각했어요. 그래서 혁거세를 왕으로 세웠어요.

이 나라가 바로 서라벌이에요. 혁거세는 육십여 년 동안 서라벌을 잘 다스렸어요. 그리고 하늘로 훨훨 올라가 버렸어요. 왕이 하늘로 갑자기 올라가 버리자 서라벌 백성들은 근심에 싸였어요.

　그런데 칠 일 뒤에 이상한 일이 일어났어요. 혁거세의 팔과 다리, 그리고 머리가 하늘에서 떨어진 거예요. 그것을 본 왕비 알영은 놀라서 그만 죽고 말았어요.

　처음에 사람들은 하늘에서 떨어진 혁거세의 몸을 한데 모아 장례를 치르려고 했어요. 그런데 큰 뱀이 졸졸 따라다니면서 장례를 방해했어요. 그래서 결국 머리와 두 팔, 두 다리를 따로따로 장례 지내었어요. 이 무덤이 바로 오능으로 경상북도 경주에 지금까지 남아 있답니다.

화랑도는 어떻게 해서 만들어지게 되었나요?

진흥왕님! 박혁거세 임금님께서 세우셨던 신라가 임금님 때에 전성기를 맞아서 삼국 통일을 이루게 되었다고 들었어요. 그리고 그 삼국 통일을 위해 크게 공헌한 사람들이 화랑 출신이란 것도요. 화랑이란 제도는 어떻게 해서 만들어지게 되었나요?

나라가 발전하려면 어진 신하들이 많아야 하는데, 어떤 사람을 뽑으면 좋을지 알 수가 없었단다. 그런데 한 신하가 미리 젊은이들을 모아 수련을 시키면서 그들의 사람됨을 살펴보자고 하더구나. 그래서 얼굴이나 몸가짐이 단정하고 사람들과 잘 어울리며 믿음이 깊은 젊은이들을 뽑아 수련을 시키게 되었단다. 화랑도는 바로 이렇게 해서 만들어진 제도지.

아, 그랬었군요. 그런데 그 유명한 신라 화랑의 원조가 사실은 여자였다고 하던데요. 사실인가요?

부처에 공양을 드리는 화랑의 모습을 석굴에 조각한 유적이에요.

사실이란다. 처음에는 '원화'라는 제도를 만들었지. 그리고 남모와 준정이라는 미모가 뛰어난 여인 둘을 뽑아 원화로 두고 젊은 낭도들을 거느리게 했단다. 그런데 그 둘이 서로를 질투하더니 결국엔 준정이 남모를 죽이고 말았지 뭐니. 그래서 원화 제도를 없애고, 우두머리를 남자로 두어 새로이 화랑도를 만들게 되었던 거란다.

 앗, 그런 비극적인 일이 있었군요. 그런데 화랑도는 어떤 일을 하였나요?

평소에는 경치 좋은 산과 들을 다니며 몸과 마음을 가다듬고 지혜를 배웠단다. 땅을 사랑하고 나라에 충성해야겠다는 마음을 굳게 품으면서 말이야. 그러다가 전쟁이 나면 나라를 위해서 목숨을 걸고 싸웠지. 고구려와 백제와의 전투에서 멋지게 승리했던 김유신도 화랑이었고, 백제의 적진에 뛰어들어서 죽음을 맞아 신라의 사기를 높여 주었던 관창과 반술도 모두 화랑 출신이란다.

 그런 용맹스런 화랑들이 있었기 때문에 신라의 삼국 통일도 가능했던 것이군요.

삼국통일에 커다란 업적을 세운 신라의 유명한 화랑이었던 김유신 장군의 동상이에요.

• 가야 •
왕이 되어서도 흙집에서 산 **김수로**

옛날에 지금의 경상남도 김해 지방에 변한이라는 나라가 있었어요. 넓은 평야와 낙동강이 있어서 농사짓고 살기엔 아주 좋은 곳이었어요. 이곳엔 아홉 개의 마을이 있었는데, 각 마을엔 우두머리인 '간'이 있었어요.

아홉 명의 간은 서로 자기 마을의 일을 의논하기도 했어요. 아도간, 여도간, 피도간 등 아홉 명의 우두머리를 앞으론 '구간'이라고 할게요. 아도간은 나도 우두머리, 여도간은 너도 우두머리, 피도간은 그 사람도 우두머리라는 뜻이에요.

이곳 사람들에게는 삼월이면 물가에 모여 즐겁게 노는 풍속이 있었어요. 그해 삼월에도 2백~3백 명의 사람들이 물가에 모여 떠들썩하게 놀고 있었어요. 그런데 갑자기 무슨 소리가 들렸어요. 구지봉에서 들려오는 소리였는데 누구인지 모습을 나타내지 않았어요.

"여기에 사람이 있느냐?"

산에서 들려오는 이상한 소리에 백성들은 겁을 먹었어요. 구간들도 와락 겁이 났지만 백성들처럼 가만히 있을 수는 없었어요. 우두머리니까요. 그래서 구간이 나서서 대답했어요.

"저희들이 있습니다."

"내가 있는 이곳이 어디인가?"

"구지봉입니다."

구간이 꼬박꼬박 대답했어요. 이상한 소리는 산봉우리에서 계속 들려왔어요.

"난 하늘의 명령을 받고 내려왔느니라. 이곳에 새로 나라를 세우고 임금이 되라고 했다. 너희들이 임금을 바란다면, 산꼭대기의 흙을 파면서 거북 노래를 부르며 춤을 추어라. 그러면 내가 나타날 것이다."

그 이상한 소리는 거북 노래까지 가르쳐 주었어요. 구간들은 이게 웬일인가 싶었어요. 안 그래도 왕이 있었으면 좋겠다고 생각하고 있었거든요. 그래서 서둘러 구지봉으로 올라갔어요.

"거북아 거북아 머리를 내밀어라.

내밀지 않으면 구워서 먹을 테다."

이 노래는 바로 이상한 소리가 알려 준 거였어요. 구간들은 막대기로 땅을 두드리며 신나게 이 노래를 불렀어요. 하늘에서 왕을 내려 준다는 기쁨에 덩실덩실 춤을 추며 노래를 불렀어요. 그랬더니 갑자기 하늘에서 자줏빛 줄이 내려오는 게 아니겠어요. 줄 끝에는 붉은 보자기가 대롱대롱 매달려 있었어요.

구간들은 얼른 보자기를 끌렀어요. 그 안에는 금으로 만든 상자가 있었는데 상자 안에는 황금알이 여섯 개나 있었어요.

사람들은 너무 기뻤어요. 그래서 땅바닥에 엎드려 절을 했어요. 그리고 황금알들을 다시 조심스럽게 싸서 아도간의 집에 가져다 두었어요.

이튿날 아침, 황금알들을 가져온 지 열두 시간이 지났어요. 아침밥을 후다닥 먹고 난 사람들이 아도간의 집으로 몰려왔어요. 그리고 금빛 나는 상자를 열었어요.

그런데 여섯 개의 알이 어린아이로 변하는 거예요. 여섯 아이는 환하고 밝은 얼굴이었어요.

사람들은 여섯 아이를 차례로 평상 위에 앉혔어요. 그리고 공손하게 절을 올렸어요. 그러고 나서 사람들은 임금을 대하는 것처럼 깍듯이 여섯 아이를 모셨어요.

열흘 정도가 지나자 여섯 아이는 부쩍 자라났어요. 키가 어른들보다 훨씬 더 자랐어요. 알에서 처음으로 나온 아이를 사람들은 수로라고 불렀어요. 수로는 처음 나타났다고 해서 지어 준 이름이에요.

수로는 금관가야의 임금이 되었어요. 가야는 여섯 나라로 이루어졌어요. 금관가야, 아라가야, 소가야, 대가야, 성산가야, 고령가야였어요. 다른 가야의 임금은 수로와 함께 알에서 나온 나머지 다섯 아이들이 되었어요.

임금이 된 뒤에도 수로는 아주 검소한 생활을 했어요. 금은보석으로 치장한 궁궐이 아닌, 이엉을 얹은 흙으로 된 집에서 살았지요.

그렇게 육 년이 지났어요. 신하들은 왕비가 없는 수로왕이 쓸쓸하겠다고 생각했어요.

"대왕 마마, 저희들은 하루빨리 왕비님을 맞이하고 싶습니다. 저희들이 가장 좋은 사람으로 왕비를 골라 보겠습니다."

신하들이 넙죽 엎드려 수로왕에게 아뢰었어요. 그러나 수로왕은 허락하지 않았어요. 신하들이 거듭 아뢰자 이런 말로 달랬어요.

"내가 여기에 내려온 것은 하늘의 뜻이니라. 왕비도 하늘에서 정해 줄 테니 너무 염려 말라."

신하들은 하늘의 명령을 기다릴 수밖에 없었어요.

그러던 어느 날, 드디어 수로왕이 한 신하를 불렀어요.

"하늘에서 내게 왕비를 보내 주려나 보구나. 그대는 어서 빨리 배와 말을 가지고 망산도로 가도록 하라."

신하는 수로왕이 시키는 대로 망산도라는 섬으로 갔어요. 그러자 서쪽 바다에 붉은 돛을 단 배가 다가오는 것이 보였어요.

신하는 불을 피워 이상한 배가 나타났다고 수로왕에게 알렸어요. 그러자 수로왕은 무척 기뻐하며 그 배를 맞으라고 다른 신하들을 더 보냈어요.

신하들은 계수나무로 만든 노를 저어 그 배가 있는 데로 갔어요. 그곳엔 여러 하인들을 거느린 한 아름다운 여인이 있었어요.

"대왕 마마께서 저희들을 보내셨습니다. 함께 가시지요."

그런데 아름다운 여인은 한마디로 거절했어요.

"난 너희들을 오늘 처음 보았는데 어찌 함부로 따라가겠느냐!"

신하들은 여인의 말을 수로왕에게 전했어요. 그러자 수로왕이 직접 여인을 만나러 왔어요.

그 여인은 수로왕에게 비단과 빛깔이 고운 구슬과 금은보석을 바쳤어요. 그리고 이렇게 말했어요.

"저는 아유타국의 공주입니다. 성은 허이고 이름은 황옥입니다. 지난 오월에 저희 부모님이 꿈을 꾸셨답니다."

허황옥은 수로왕에게 부모님의 꿈 이야기를 들려주었어요.

허황옥의 부모님은 꿈에서 하느님을 만났대요. 그런데 하느님이 가야의 수로왕은 내가 보낸 사람이니 딸을 왕비로 보내라고 했대요. 그래서 허황옥이 수로왕을 만나러 오게 된 거예요.

수로왕은 허황옥과 혼인을 했어요. 그리고 오랫동안 어질게 백성들을 잘 다스렸답니다.

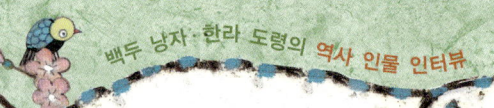

가야는 왜 삼국 시대에 끼지 못했던 건가요?

안녕하세요, 수로 임금님! 다른 나라와는 달리 가야는 여섯 개의 가야가 합쳐진 거라고 들었는데요. 어떻게 된 것인지 자세히 좀 알고 싶어요.

앞에서 읽었으니 알겠지만 우리는 금관가야, 대가야, 아라가야, 성산가야, 소가야, 고령가야 이렇게 여섯 개의 가야가 합쳐진 거란다. 각 나라마다 왕은 따로 있었고, '가야 연맹'을 맺어 서로 도우며 살았었지. 연맹이란 다른 나라의 일을 간섭하지 않고 오순도순 돕고 사는 걸 말한단다.

아, 그렇군요. 가야 지역은 일찍부터 철광석이 많이 생산되었던 곳으로 유명하다고 하던데요. 그래서 가야의 고분에서는 철로 만든 철창, 철갑옷, 쇠칼, 도끼 등의 유물이 많이 발견된다고 들었어요. 사실인가요?

그래, 우리 가야는 땅이 기름져서 농사짓기에 아주 좋았을 뿐 아니라 품질 좋은 철도 많이 나는 곳이었지. 그래서 낙랑과 일본에 수출까지 했을

경남 합천군 쌍책면 옥전고분군에서 발굴해낸 가야 유물 갑옷을 원래 모습으로 복원한 거예요.

정도였단다. 철로는 단단하고 날카로운 무기와 농기구를 만들 수 있었거든. 덕분에 우리는 부유해졌고, 그래서 우리의 문화가 발달할 수 있었던 거란다.

 철을 많이 가질수록 힘이 센 나라가 될 수 있는 것 아닌가요? 그런데 가야는 왜 삼국 시대에 끼지 못하고 사라졌던 건지요?

우리가 처음부터 약했던 것은 아니야. 신라 초기에는 우리가 훨씬 더 강한 나라였단다. 가야 연맹은 이웃 나라가 침입하지 않고 평화롭게 살 때에는 참 좋았단다. 하지만 이웃 나라가 침입하면 쉽게 손을 쓸 수 없게 된다는 단점이 있었지. 왕의 힘이 강한 고구려와 백제, 신라는 왕을 중심으로 똘똘 뭉치니깐 갈수록 힘이 세졌는데, 가야는 연맹이라 그럴 수가 없었거든. 각각의 가야가 자신들의 입장만을 주장하다 보니깐 힘을 하나로 모으기가 힘들었지. 그래서 나중에 신라가 쳐들어왔을 때 막지 못하고 무너지고 말았던 거야.

 만약에 여섯 개의 가야가 하나로 통일이 되어 강력한 나라를 이루었더라면 삼국 시대가 아니라 사국 시대가 되었을 텐데……. 정말 안타깝네요.

경남 김해시에 있는 김수로 왕릉의 정문 모습이에요.

옛날 우리나라엔 아주 작은 나라들이 옹기종기 모여 살았어요. 어떤 나라들이냐고요? 낙랑, 현무, 부여, 진한, 마한, 변한, 동예, 옥저 등이었어요.

그 가운데 백두산 너머 지금의 중국 땅에 동부여라는 나라가 있었어요. 동부여의 왕은 금와였는데 사냥을 매우 좋아했어요. 그래서 신하들을 거느리고 자주 사냥터로 나가곤 했지요.

그러던 어느 날이었어요. 태백산 남쪽에서 노루와 토끼를 쫓고 있는데 갑자기 울음소리가 들려왔어요.

"어디서 들려오는 소리냐?"

금와왕이 신하에게 물었어요.

"우발수강 가에서 들려오는 것 같습니다."

신하의 말을 들은 금와왕은 우발수 강가로 살금살금 다가갔어요. 그곳에는 한 예쁜 여인이 강물을 보며 흐느끼고 있었어요. 금와왕은 왜 그렇게 서럽게 우는지 무척 궁금했어요.

"너는 누구인가? 어찌하여 이런 곳에서 울고 있는가?"

그러자 눈물을 옷소매로 훔치며 여인이 대답했어요.

"저는 물의 신인 하백의 딸입니다. 이름은 유화라고 하지요. 그런데, 흐흑……."

유화는 무엇이 그리 슬픈지 말도 제대로 못했어요. 금와왕은 어여쁜 유화가 눈물을 뚝뚝 흘리니 마음이 아팠어요.

"내가 도와줄 수 있을지도 모르니 자세히 말해 보아라."

"흑흑, 몇 달 전 동생들과 함께 물 밖으로 나와 놀고 있는데, 해모수라는 남자가 제게 말을 걸어왔어요. 해모수는 하느님의 아들인데 잠깐 인간 세상을 내려왔대요. 전 늠름한 해모수가 마음에 들었어요. 그래서 웅신산 밑 압록강 가에서 혼인을 했어요. 그런데 잠깐 다녀오겠다던 해모수가 돌아오지 않는 거예요. 부모님은 남몰래 혼인을 했다고 저를 꾸짖으시며 집에서 쫓아내셨어요."

금와왕은 유화가 하느님의 아들과 혼인했다는 이야기를 믿을 수가 없었어요. 그래서 자신의 궁전으로 유화를 데려와 방 안에 가두었어요. 만약 유화의 말이 사실이라면 해모수가 찾아올 거라고 생각했던 거지요.

방 안에 갇힌 유화는 우두커니 천장만 바라보고 있었어요. 그런데 갑자기 작은 창문으로 햇빛이 들어와 유화를 따스하게 감쌌어요. 다른 곳에는 햇빛이 비추지 않자 이상하게 생각한 유화는 햇빛을 피해서 자리를 옮겼어요. 그러자 햇빛이 유화를 졸졸 따라다니며 비추는 것이었어요.

이 일이 있은 후, 유화는 아기를 가지게 되었어요. 한 달, 두 달, 세 달, ……. 풍선처럼 배가 불룩하게 불러 왔어요.

그렇게 열 달이 지났어요. 그런데 기막히게도 유화가 낳은 것은 사람이 아닌 커다란 알이었어요.

금와왕은 화가 머리끝까지 치솟았어요. 자신의 궁전에서 사람이 짐승처럼 알을 낳았다니 기분이 나빴던 거예요.

"여봐라! 당장 그 알을 짐승의 우리에 갖다 버리도록 하여라."

신하들은 유화가 낳은 알을 돼지우리에 던져 버렸어요. 그런데 신기하게도 돼지들은 알을 피해 다닐 뿐 먹지를 않았어요. 개에게 주어도 마찬가지였어요. 그뿐이 아니었어요. 길에다 버렸더니 소와 말이 그 알을 피해 다녔어요. 또 들판에 내다 버렸더니 새와 짐승이 알을 따뜻하게 덮어 주고 보살펴 주었어요.

보다 못한 금와왕은 알을 쪼개어버리기로 했어요. 그러나 아무리 힘센 장사가 쪼개려 해도 알은 쪼개지지 않았어요. 도끼로 내리쳐보아도 소용이 없었어요.

결국 금와왕은 그 알을 어머니인 유화에게 돌려주었어요. 유화는 알을 천으로 싸서 따뜻한 곳에 두었어요. 그러자 얼마 안 되어 한 아이가 껍질을 깨고 나왔어요. 금방 태어난 아기답지 않게 몸

집도 컸고 얼굴도 또렷했어요.

알에서 나온 아이는 무럭무럭 자랐어요. 일곱 살이 되자 스스로 활과 화살을 만들어 쏘는데 백 번 쏘면 백 번을 다 맞추었어요. 당시에 동부여에는 활을 잘 쏘는 사람을 주몽이라고 부르는 풍습이 있었어요. 그래서 알에서 나온 아이에게 주몽이라는 이름을 붙여 주었어요.

그런데 주몽의 활솜씨와 지혜가 자라날수록 시기하는 사람들도 많아졌어요. 특히 금와왕의 일곱 왕자들은 자신들보다 뛰어난 주몽을 무척 싫어했어요. 첫째 왕자인 대소도 혹시 주몽이 왕위까지 차지하지 않을까 걱정이 되었어요.

그러던 어느 날, 큰 사냥 대회가 열렸어요. 일곱 왕자들은 주몽에게 질까 봐 두려웠어요. 그래서 좋은 활과 화살은 자기들이 갖고, 주몽에게는 낡은 활과 화살을 주었어요.

사냥 대회가 끝난 후 누가 가장 많이 잡았는지 세어 보았어요. 일곱 왕자들은 한두 마리씩밖에 잡지 못했어요. 그런데 주몽은 혼자서 들고 갈 수 없을 만큼 많은 짐승들을 잡았어요.

일곱 왕자들의 얼굴이 붉으락푸르락해졌어요. 첫째 왕자인 대소는 주몽이 보이지 않는 곳에서 금와왕에게 몰래 말했어요.

"주몽은 사람이 낳은 자식이 아닙니다. 만약 일찍 없애지 않는다면 뒤탈이 있을지 모릅니다."

그러나 금와왕은 대소의 말을 듣지 않고, 주몽에게 말 기르는 일을 맡겼어요.

주몽은 좋은 말은 적게 먹여서 여위게 기르고, 둔한 말은 잘 먹여서 살찌게 했어요. 금와왕은 살찐 말은 자기가 타고 여윈 말은 주몽에게 주었어요.

그런데 큰일이 일어났어요. 일곱 왕자들과 신하들이 주몽을 죽

일 생각을 품은 거예요. 이 사실을 알게 된 유화는 주몽을 도망시키기로 마음먹었어요.

"주몽아, 지금 너를 해치려는 사람들이 오고 있다. 넌 재주와 꾀가 많은 아이니까 어디를 가든지 잘살 거야. 빨리 이곳을 떠나도록 해라."

어머니의 말을 들은 주몽은 오이, 마리, 협부를 데리고 부리나케 도망쳤어요. 그런데 눈앞에 위수가 가로막고 있지 뭐예요. 주몽은 큰 소리로 외쳤어요.

"나는 해모수의 아들이요, 물의 신 하백의 손자다. 지금 난 쫓기고 있는데 어쩌면 좋겠느냐."

그러자 어디에선가 물고기와 자라 떼가 나타나 다리를 만들어 주었어요. 주몽과 세 부하들은 바삐 위수를 건넜지요. 물고기와 자라 떼는 주몽의 무리가 강을 모두 건너게 도와 준 후에 흩어졌

어요. 그래서 주몽을 뒤쫓던 사람들은 닭 쫓던 개처럼 위수 건너편을 볼 수밖에 없었어요.

  이렇게 해서 주몽이 도망쳐 온 곳이 바로 졸본천이에요. 주몽은 이곳을 도읍으로 정하고 고구려를 세웠답니다.

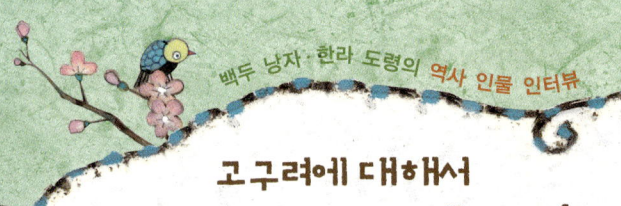

고구려에 대해서 좀 더 알고 싶어요

주몽 임금님~! 죽을 뻔했던 위기를 넘기고 탈출에 성공하신 것 정말 축하드려요. 졸본에 고구려를 세운 것도 축하드리고요.

고맙구나. 이게 모두 오이, 마리, 협보를 비롯해 나를 믿고 따라주었던 사람들 덕분이지.

나라의 이름을 고구려라고 지으셨는데요. 고구려라는 이름은 어떻게 해서 지으시게 되신 건가요?

대소 왕자의 위협을 피하기 위해 도망을 갔던 졸본은 당시에 구려 또는 고리, 구리 등으로 불렸던 곳이었단다. 그래서 이 '구려'란 이름에 높

고구려의 첫 도읍지였던 졸본성(오녀산성)이에요.

음, 신성함 등을 뜻하는 고(高)를 합쳐서 '고구려'라고 짓게 된 것이란다. 이때 나의 성도 '고'씨로 정하게 되었지. 내 나이 스물두 살 때의 일이었단다.

아, 그랬군요. 참, 예전에 고구려 벽화를 본적이 있는데요. 사냥하고 있는 고구려 사람들의 모습이 그려져 있었어요. 졸본은 산이 많은 곳이라고 하던데, 고구려 사람들은 사냥을 좋아했었나봐요?

우리에게 사냥은 주요 놀이면서 동시에 군사 훈련의 수단이었단다. 또한 산이 많은 만큼 먹을거리를 얻는 중요한 수단이기도 했지. 그래서 우리는 어려서부터 말 타고 활 쏘는 연습을 열심히 해왔단다. 장수를 뽑을 때도 사냥 실력을 확인한 후에 뽑았지. 제5권인 《꼭 가 보고 싶은 역사 유적지》에서 읽었던 온달 장군 이야기를 기억하니? 무예를 배운 온달이 참가해서 우승을 해 왕에게 인정을 받았던 사냥 대회가 바로 그것이란다.

고구려의 강한 힘은 그러한 전통에서 나온 거군요. 고구려가 크고 강한 나라로 발전할 수 있었던 이유를 이제야 알겠어요!

벽화에 나타난 씩씩한 고구려 사람들의 모습이에요. 호랑이도 무서워하지 않는 고구려 사람들의 용감함이 느껴지지 않나요?

● 백제 ●

좋은 땅을 알아본 **온조**

고구려를 세운 주몽 이야기는 다 알 거예요. 갑자기 주몽 이야기는 왜 하느냐고요? 백제를 세운 사람이 주몽의 셋째 아들 온조거든요.

어느 날 주몽이 나랏일을 의논하고 있을 때였어요. 그런데 밖에 있던 한 신하가 갑자기 들어왔어요.

"저어……."

그 신하는 우물쭈물 말을 잇지 못했어요.

"밖에 무슨 일이 있느냐?"

"저어, 웬 소년이 찾아왔습니다. 이름이 유리라고 하는데 자기가 대왕 마마의 큰아들이라고 합니다. 미친 것 같지는 않은데……. 내쫓아 버릴까요?"

그 말을 들은 주몽은 벌떡 일어나 밖으로 나갔어요. 주몽의 눈치를 보던 신하는 어리벙벙했어요.

대궐 앞마당에는 눈매가 부리부리한 소년이 서 있었어요.

"내 아들이라는 증표를 보여라!"

"여기 있습니다."

유리는 주몽에게 부러진 칼 조각을 주었어요. 주몽은 얼른 자기가 가지고 있던 칼 조각과 맞춰 보았어요. 꼭 맞았어요.

"내 아들이 맞구나! 여봐라, 왕자를 맞아들여라!"

주몽이 우렁차게 소리쳤어요. 신하들은 고개를 넙죽 조아리며 소년을 맞아들였어요. 어떻게 된 일이냐고요?

알다시피 주몽은 동부여에서 도망을 나왔잖아요. 그때 동부여에는 뱃속에 주몽의 아이를 가진 아내가 있었어요. 그런데 아내

를 데리고 가면 빨리 달아날 수가 없어서 혼자 도망칠 수밖에 없었지요. 그때 주몽은 아내에게 이런 말을 남겼어요.

"미안하구려. 만약 아들을 낳으면 부러진 칼 반쪽을 찾게 하시오. 그것은 일곱 모가 난 돌 위의 소나무 아래에 두었소. 그걸 가지고 오면 내 아들이라고 믿겠소."

그때 아내의 뱃속에 있었던 아이가 씩씩한 소년이 되어 찾아온 거예요.

"지혜로운 내 아들아, 이리 오너라."

주몽은 유리를 꼭 껴안아 주었어요. 유리가 왜 지혜롭냐고요? 그것은 일곱 모가 난 돌 위의 소나무 아래에 숨겨 놓은 칼 조각을 찾아냈기 때문이에요. 주몽은 그것을 통해서 태어날 아들의 지혜를 시험해 보려 했었거든요. 유리는 대들보 밑 댓돌 아래에서 칼 조각을 찾아냈어요. 대들보는 소나무로 만들어져 있었고, 댓돌은 일곱 모가 난 돌이었거든요.

고구려는 곳곳마다 기쁨으로 들썩였어요. 멀리서 주몽의 큰아

들인 유리가 찾아왔으니까요. 그러나 기뻐할 수 없는 사람도 있었어요. 바로 비류 왕자와 온조 왕자였어요.

그들은 주몽이 졸본에서 다시 혼인하여 얻은 왕자들이었어요. 두 왕자를 따르던 신하들도 걱정이 이만저만이 아니었어요. 아무래도 주몽이 왕의 자리를 유리에게 물려줄 것 같았거든요.

그래서 비류 왕자와 온조 왕자의 어머니인 소서노는 주몽에게 이렇게 말했어요.

"큰아들이라고 해서 무턱대고 왕위를 물려주는 것은 아니라고 생각해요. 비류, 온조와 무술을 겨루게 해서 결정하는 것이 옳다고 봐요."

왕비가 좋은 방법을 내놓은 것 같았어요. 주몽도 유리의 무술 실력이 궁금했었거든요. 그래서 유리, 비류, 온조 왕자는 무술 시합을 하게 되었어요.

처음에는 날아가는 새를 활로 쏘아 맞추기를 했어요. 그런데 세 왕자의 활솜씨는 만만치 않았어요. 다 맞췄거든요.

다음에는 높낮이가 다른 나무 기둥을 아홉 개 세워 칼로 다 찍는 사람이 이기는 시합을 했어요. 이 나무 기둥 찍기에서 왕자들의 무술 실력이 판가름났어요. 유리가 아홉 개, 비류가 다섯 개,

온조가 여덟 개를 찍었거든요. 그래서 주몽의 뒤를 이어 왕이 될 왕자는 유리로 결정이 났어요.

무술 겨루기에서 진 비류 왕자와 온조 왕자는 걱정이 되었어요. 유리가 왕이 되면 자신들을 구박할 것만 같았거든요. 그래서 미리 피난을 가기로 했어요.

비류 왕자와 온조 왕자는 고구려를 떠나 남쪽으로 내려갔어요. 두 왕자를 따르던 십여 명의 신하들과 백성들도 따라왔어요.

남쪽으로 내려오던 고구려의 두 왕자는 지금의 서울에 이르러 걸음을 멈추었어요. 새 나라를 세울 땅으로 나쁘지 않은 것 같았거든요. 신하들도 이곳이 좋을 것 같다고 두 왕자를 부추겼어요. 하지만 온조 왕자는 다시 한 번 생각해 보기로 했어요.

"천년만년 지낼 도읍인데 신중해야 하오. 먼저 높은 산에 올라가 주위를 살펴봅시다. 그런 후에 결정해도 늦지 않을 것 같소."

온조 왕자의 말에 신하들은 고개를 끄떡였어요. 두 왕자와 신하들은 가장 높은 산으로 올라갔어요. 산꼭대기에 올라서니 아주 먼 곳까지 보였어요.

서쪽에는 바다가 있었고, 동쪽엔 높은 산이 있었어요. 바다와 높은 산에 둘러싸여 있으니 다른 나라에서 쳐들어오기도 쉽지 않

을 것 같았어요. 게다가 농사와 생활에 필요한 강도 있었어요. 그 강은 지금의 한강이에요. 도읍으로 삼기에 알맞은 땅이라고 생각한 온조 왕자는 고개를 끄덕였어요.

그런데 비류 왕자가 서쪽을 가리키며 말했어요.

"저쪽 바닷가에 나라를 세우는 것이 더 좋을 것 같은데?"

그러자 신하들이 반대를 했어요.

"왕자님! 이곳이 더 좋은 땅입니다. 주변에 산과 바다가 있어서 적들을 막기에도 좋아요. 뿐만 아니라 남쪽엔 기름진 땅이 있잖아요. 백성들은 그 땅에서 농사를 지을 수 있어요."

그러나 비류 왕자는 고개를 저었어요. 비류

왕자가 보기에는 넓은 바닷가가 훨씬 더 좋아 보였거든요.

"난 바닷가로 갈 거야. 온조야, 너는 어때?"

"형님, 전 이곳이 맘에 들어요."

"그렇다면 할 수 없지. 넌 이곳에 나라를 세우도록 하렴."

비류 왕자는 말리는 온조 왕자를 뿌리치고 떠나버렸어요. 비류

왕자를 좋아하는 백성들도 따라갔어요. 비류 왕자가 간 곳은 지금의 인천인 미추홀이었어요.

온조 왕자는 한강 근처인 위례성에 도읍을 정하고 나라를 세웠어요. 나라의 이름은 열 신하들의 세력이 온조 왕자를 도왔다고 해서 '십제'라고 지었어요.

온조 왕자의 백성들은 오순도순 즐겁게 살았어요. 논밭에는 곡식이 무르익었고, 그것을 보는 온조 왕자의 마음도 뿌듯했어요.

그러던 어느 날, 비류 왕자가 찾아왔어요. 몹시 지친 듯 핼쑥한 모습이었어요. 비류 왕자가 갔던 미추홀은 사람이 살기에 좋은 곳이 아니었대요. 소금기가 많은 땅이라 농사짓기가 쉽지 않았지요. 게다가 물도 짰고요. 동생이 사는 것을 본 비류 왕자는 너무 부끄러웠어요. 자신의 나라와는 딴판이었거든요. 백성들은 편안한 생활을 하고 있었고, 나라의 기틀도 점점 다져지고 있었어요.

결국 비류 왕자는 온조 왕자의 말을 듣지 않았던 것을 후회하다가 죽어 버렸어요. 비류 왕자가 죽자 미추홀에 있던 백성들은 온조 왕자에게로 돌아왔어요. 이때 더 많은 부족들이 연합하여 만들어졌단 의미로 나라의 이름을 '백제'로 고치게 되었답니다.

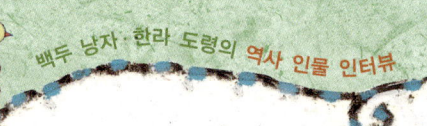

삼국 중 가장 먼저 전성기를 맞았던 나라가 백제라고요?

온조 임금님, 나라 이름을 바꾸신 것 축하드려요! 임금님께서 세우신 백제가 삼국 중에서 가장 먼저 전성기를 맞았던 나라라고 들었는데요. 비결이 무엇인가요?

음, 그건 아무래도 우리 백제가 삼국 중 농사 기술이 가장 발달했기 때문이 아닐까 싶구나. 고구려는 산이 많은 곳이라 농사짓기가 힘들었고, 신라는 철기 문화가 늦게 전파됐거든. 그런데 우리나라는 넓고 기름진 땅이 있어 생산물이 풍부했어. 그리고 철기 문화도 가장 먼저 발달했지. 또한 한강이 있어서 물도 풍부하게 구할 수 있었단다. 황해를 통해 중국과 교류할 수 있었던 것도 유리한 점이었다고 볼 수 있겠구나. 발달된 문물을 제일 먼저 받아들일 수 있었으니깐.

전라북도 익산에 있는 백제의 궁터랍니다~!

 임금님께서 나라를 다스리시던 중에 큰 가뭄과 홍수도 있어서 고생을 하셨다고 들었는데요. 사실인가요?

 그래. 나라를 세운 지 28년 정도 지났을 때의 일이었단다. 4~5년 동안 큰 가뭄과 홍수가 번갈아 찾아왔지. 백성들은 전염병과 굶주림에 시달려야 했단다. 그래서 이들 중 수천 명은 고구려 땅으로 가버려 예성강 일대의 부락이 텅텅 비어 사람이 살지 않을 정도였었지.

 이런! 백성이 줄어들면 국력도 약해지게 되는 거잖아요?

 그렇지. 그래서 나는 백성이 굶주리지 않게 하기 위해 농사를 장려했단다. 각 마을에 명령을 내려 농사짓기와 누에치기를 권장하고, 전쟁과 같은 급한 일이 있을 때를 제외하고는 백성을 동원하지 말라고 했지. 이러한 노력들 덕분에 식량은 점점 풍성해졌고, 백제의 땅도 비옥해지게 되었단다.

한성백제문화제에서 재현되고 있는 백제를 건국한 온조왕의 입성 행렬이에요.

• 발해 •

당나라를 물리친 대조영

이번 이야기는 정신을 바짝 차리고 들어야 해요. 여러 나라와 여러 민족이 한꺼번에 나올 테니까요.

신라는 당나라와 연합해서 고구려와 백제를 친 후에 당나라를 몰아냈어요. 그런데 안타까운 일은 신라가 고구려 땅을 다 차지하지 못했다는 거예요. 신라의 땅은 대동강에서 원산만 남쪽까지만이었어요. 나머지 고구려 땅은 당나라가 차지했지요.

당나라는 옛 고구려를 직접 다스리려고 했어요. 그래서 고구려 땅에 당나라 관청들을 세웠어요. 고구려 땅에는 거들먹거리는 당나라 관리들로 넘쳐났어요.

고구려 사람들은 매우 기분이 나빴어요. 도저히 오랑캐에게 고개를 숙일 수는 없었어요. 그래서 여기저기에서 고구려를 다시 살리려고 운동을 일으켰어요. 힘으로 고구려를 누르려던 당나라는 깜짝 놀랐어요. 누르면 누를수록 당나라를 반대하는 움직임이 거세졌거든요.

그래서 당나라는 생각을 바꿨어요. 부드럽게 고구려를 다스려야겠다고요. 우선 당나라에 끌려와 있던 보장왕에게 고구려를 다스리게 했어요. 하지만 어디까지나 당나라의 관리로서 대신 다스리라는 거였어요. 보장왕은 고구려의 마지막 왕이었지요. 보장왕은 당나라의 뜻대로 하지 않았어요. 고구려와 말갈 사람들을 부추겨 당나라에 반대하도록 했어요. 당나라는 화가 나서 다시 보장왕을 당나라로 붙잡아가 버렸어요.

한편 당나라는 요동과 만주 지역에 살면서 자신들을 반대하는 민족들을 조양으로 옮겼어요. 조양은 당나라에 반대하는 사람들

을 붙잡아두고 감시하는 곳이었어요. 그들도 고구려 사람들처럼 당나라를 싫어했어요. 대조영의 식구들도 이들 가운데 끼여 있었어요. 대조영은 고구려의 옛 장군이었는데 용감하고 군대도 잘 다스렸어요.

어느 날 대조영이 길을 걷고 있었어요. 그런데 당나라 사람이 고구려 아이를 때리고 있는 모습을 보게 되었어요.

"무슨 짓이오!"

대조영이 당나라 사람을 말렸어요. 고구려 아이는 울면서 대조영의 뒤로 숨었어요. 그러자 당나라 사람이 소리를 질렀어요.

"더러운 오랑캐야, 저리 비켜!"

하지만 대조영은 매맞는 아이를 그냥 내버려 둘 수 없었어요. 그래서 아이를 감쌌어요. 그러자 당나라 사람이 대조영과 아이를 함께 때렸어요. 근처에 있던 당나라 사람들은 깔깔거리며 구경했어요. 대조영은 화가 불끈 솟았지만 함부로 덤빌 수가 없었어요. 그곳은 당나라 땅이었으니까요. 조양에 사는 여러 민족들은 당나라로부터 이런 수모를 당하는 수밖에 없었거든요.

집으로 돌아온 뒤에도 대조영은 울분을 삭일 수가 없었어요.

"아버지, 사람들 몰래 이곳을 떠나요."

"고향이 멀고 먼데 어떻게 가니? 하루도 못 가고 들킬 거야."

"힘차고 용맹스럽던 고구려 사람들이 당나라에서 개만도 못하게 살다니 있을 수 없는 일입니다. 언젠가는 꼭 고구려를 다시 일으켜 세울 겁니다."

"함부로 이야기하지 마라. 낮말은 새가 듣고 밤말은 쥐가 듣는 법이야."

걸걸중상이 조심스럽게 주위를 살피며 대조영을 나무랐어요. 하지만 대조영은 말 한마디도 제대로 할 수 없는 조양 땅이 답답했어요. 그리고 그럴 때마다 고구려를 다시 일으켜 세워야겠다고 다짐했어요.

그러던 어느 날, 조양에 큰일이 일어났어요. 같은 지방에 살고 있던 거란족의 추장인 이진충이 당나라에 반대하여 일어난 거예요. 당나라는 이해고를 보내 이진충과 그를 따르는 무리들을 무찌르라고 했어요.

 당나라와 거란족의 싸움은 더욱 거세졌어요. 그것을 보며 대조영은 이런 생각을 했어요.

 '아주 좋은 기회야. 지금 당나라는 거란족을 막느라 우리들에게 신경을 쓸 틈이 없어.'

 말갈족의 추장인 걸사비우도 대조영과 같은 생각이었어요. 마음이 통한 두 사람은 고구려와 말갈 사람들을 이끌고 조양을 빠

져 나왔어요. 당나라에서 설움을 받던 수많은 고구려 사람들에게 이제 대조영은 커다란 희망이 되었어요.

　대조영은 요하를 건너 동쪽으로 발길을 재촉했어요. 당나라도 이 일을 알았어요. 하지만 처음에는 군대를 보내지 않고 도망가는 사람들의 마음을 돌리려고 했어요. 당나라로 돌아오면 죄를 묻지 않고 벼슬을 주겠다고 말이에요. 그러나 어느 누구도 당나라로 돌아가려 하지 않았어요. 당나라에서 당했던 설움이 너무나 컸거든요.

　그러자 당나라는 군대를 보냈어요. 대조영은 싸움을 벌이기보다는 당나라 군대를 따돌리는 데 힘을 쏟았어요. 맞서 싸우기엔 당나라 군대의 힘이 너무 셌거든요. 그런데 걸사비우는 당나라와 맞서 싸웠어요. 그 결과 걸사비우는 목숨을 잃었어요.

　추장을 잃은 말갈 사람들은 대조

영만 바라보았어요. 이제 대조영은 고구려 사람들뿐만 아니라 말갈 사람들까지 돌봐야 했어요.

　당나라 군대는 쉽게 물러나지 않았어요. 끈질기게 대조영이 이끄는 무리를 쫓아왔어요. 대조영은 더 이상 당나라 군대를 따돌릴 수 없다고 생각했어요. 그래서 산악 지대인 천문령에 숨어서 당나라 군대가 쫓아오도록 유인했어요. 그리고 몰래 숨어 있던 고구려와 말갈 사람들에게 단숨에 당나라 군대를 치도록 명령했어요. 그 결과 대조영은 이 싸움에서 크게 이겼어요. 당나라의 장군은 겨우 목숨만 건져 자기 나라로 돌아갔지요.

　더 이상 당나라의 군대는 쫓아오지 않았어요. 대조영의 무리들은 행진을 계속했어요. 길림성의 동모산에 이를 때까지 말이에요. 동모산에 다다른 대조영은 튼튼한 성을 쌓고 나서 '진'이란 나라를 세웠어요.

　당나라는 나라를 세운 대조영을 빨리 없애고 싶었지만 일단은 참기로 했어요. 당나라를 반대하는 다른 민족들을 무찌르는 것이 먼저라고 생각했거든요. 그런데 말이에요. 그것은 당나라의 실수였어요. 그러는 동안에 곳곳에 흩어져 살던 고구려와 말갈 사람들이 대조영에게 왔거든요. 그래서 대조영의 '진'은 빠르게 힘을 키울 수 있었거든요.

　나중에서야 당나라는 '진'을 막아 보려 했지만 헛일이었어요. 대조영이 이미 옛 고구려 땅을 대부분 차지하며 큰 나라를 이루어버렸기 때문이에요. 그래서 당나라는 어쩔 수 없이 '진'을 이웃 나라로 인정했어요. 그리고 대조영을 '발해 군왕'으로 임명했어요. 그러니까 대조영이 세운 '진'이 곧 발해인 거예요.

　발해의 힘은 이웃 나라들이 벌벌 떨 정도로 강해졌어요. 북쪽의 많은 지방들이 스스로 발해에 항복해 들어올 정도였답니다.

백두 낭자·한라 도령의 역사 인물 인터뷰

발해를 해동성국이라고도 불렀다고요?

대조영 임금님, 임금님께서 나라의 이름을 '진'이라고 하셨잖아요?
그런데 어느 책에서 보니 발해를 '해동성국'이라고도 불렀다고 하던데요.
'해동성국'이란 무슨 뜻인가요? 왜 발해를 그렇게 불렀나요?

처음에 나라를 세웠을 때는 '진'이라고 부르다가 후에 '발해'라고 바꾸었단다. 해동성국이라는 이름은 우리 발해의 힘과 영토가 커지자 당나라가 붙여준 이름이지. '바다 동쪽에 있는 아주 강하고 넓은 나라'라는 뜻이란다.

아, 그렇군요. 우리나라 역사상 가장 넓은 영토를 가졌던 나라가 발해였다고 하던데요. 나라 영토의 크기는 얼마만 했었나요?

당나라에서 도망쳐 온 대조영 임금님이 성을 쌓았다는 동모산이에요.

사방 5천 리였다. 가장 영토가 넓었던 때는 동쪽으로는 지금의 러시아 땅인 연해주까지, 북쪽으로는 송화강 유역까지, 서쪽으로는 요동반도까지, 남쪽으로는 대동강과 원산만까지였지. 통일신라보다 4~5배 정도, 고구려보다 2배 정도 넓었다고 하면 이해가 좀 더 쉬울까 모르겠구나. 영토가 넓어서 다섯 개의 도읍을 두었는데, 그중 가장 오랫동안 발해의 도읍이었던 상경성은 당시에 동아시아에서 두 번째로 큰 도시였단다.

 이야! 그렇게 큰 나라였는데 왜 발해의 역사는 잘 알려지지 않았나요?

그건 대부분의 역사책이 신라를 중심으로 쓰여졌기 때문이야. 고려 시대의 김부식이 썼다는 《삼국사기》를 보면 알겠지만, 삼국과 통일신라의 역사는 정리해놓았으면서 우리 발해의 역사는 없거든. 고려가 신라를 계승한다는 의식에서 우리를 소홀히 생각했기 때문이지. 그래도 고려 후기에 《삼국유사》나 《제왕운기》에 의해 조금이나마 알려지고, 조선 후기 실학자들에 의해 주목받게 되었으니 참 다행이지 싶구나.

발해의 웅장한 기상을 엿볼 수 있는 흥륭사의 석등이랍니다~!

● 후백제 ●
나라를 되살리려 애쓴 견훤

지금으로부터 천 년도 더 된 옛이야기예요. 어느 마을에 부자가 살았어요. 이 부자에게는 어여쁜 딸이 있었지요. 그런데 말이에요. 언제부터인지 사랑하는 딸이 날이 갈수록 점점 여위어 가는 거예요. 걱정이 된 부자가 딸에게 물었어요.

"애야, 무슨 걱정거리라도 있니?"

"아니에요."

딸은 고개를 저었어요. 부자는 그래도 마음이 놓이지 않았어요. 딸에게 걱정이 있지 않고서야 저렇게 야위어 갈 리가 없다고 생각했거든요.

"그러면 요 며칠 사이에 있었던 일을 다 말해 보아라."

"저어……."

딸이 머뭇거렸어요.

"우물쭈물하지 말고 속시원히 이야기해 보렴."

마지못해 딸이 입을 열었어요.

"밤마다 자주색 옷을 입은 남자가 찾아와요."

"뭣이라고!"

부자가 소리쳤어요. 딸은 깜짝 놀라 고개를 숙였어요. 항상 따스하게 감싸 주시던 아버지가 화를 내시니 무서웠거든요.

부자는 마음을 가다듬었어요. 일이 이렇게 된 이상 어쩔 도리가 없잖아요. 부자는 우선 그 남자를 잡아야겠다고 생각했어요.

"애야, 걱정 마라. 내가 그놈을 잡을 테니까."

그날 밤부터 부자는 집 안팎을 단단히 지켰어요. 문도 꽉 잠그고 곳곳에 힘센 하인들을 세워 두었지요. 하인들은 두 눈을 크게 뜨고 집을 지켰어요. 덕분에 집 주위엔 쥐새끼 한 마리도 얼씬거리지 않았지요.

이튿날 아침, 부자는 부리나케 딸의 방으로 달려갔어요.

"애야, 간밤에는 아무 일 없었지? 앞으로도

지켜 줄 테니까, 이제 근심 걱정일랑 훌훌 털어 버리려므나."

"아버님, 어젯밤에도 그 남자가 찾아왔었어요."

그 말을 들은 부자는 방바닥에 털썩 주저앉았어요.

"아니, 귀신이 아니고서야 도대체 어디로 들어왔단 말이냐?"

자주색 옷을 입은 남자는 사람이 아닌 게 분명했어요. 그렇지 않고서야 어떻게 힘센 하인들이 지키고 있는 이곳을 들어올 수가 있겠어요. 부자는 골똘히 생각에 잠겼어요.

딸은 곁에 서서 그의 눈치만 살피고 있었어요.

"옳지! 만약 오늘 밤에도 찾아오면 긴 실을 바늘에 꿰어 그 남자의 옷에 꽂아 두어라."

딸은 가만히 고개를 끄덕였어요.

그날 밤, 남자가 또 찾아왔어요. 딸은 남자가 모르게 그의 옷에 바늘을 꽂았어요. 얼마나 놀랐는지 손이 덜덜 떨렸어요.

수탉의 '꼬끼요' 하는 소리에 밤이 물러갔어요. 그 남자도 떠났고요. 금세 동쪽 하늘이 훤하게 밝았어요. 부자는 하인들을 데리고 실이 이어진 곳을 따라갔어요. 실은 북쪽 담 밑에서 끊겨 있었어요. 그런데 말이에요. 그곳에 있던 큰 지렁이의 허리에 바늘이 꽂혀 있는 게 아니겠어요.

부자는 기가 막혔어요. 밤마다 자주색 옷을 입고 딸을 찾아온 남자가 사실은 지렁이였던 거예요.

이런 일이 있은 뒤 딸은 아기를 가졌어요. 그리고 아들을 낳았지요. 아이는 지혜롭고 용감하게 자랐어요. 마을 사람들은 그 아이가 큰 인물이 될 거라고 생각했어요. 왜냐하면 그 아이는 갓난아기였을 때 호랑이가 젖을 먹여 주기도 했고, 생김새와 생각도 남과는 달랐거든요.

아이는 열다섯 살이 되자 스스로 견훤이라는 이름을 지었어요. 그리고 군인이 되어 서울인 경주로 올라갔어요. 견훤이 해야 할 일은 서울에서 좀 떨어진 서남쪽 바다를 지키는 거였어요.

견훤은 용기와 지혜를 다하여 바다를 지켰어요. 그는 항상 다른 병졸들보다 앞서서 적들과 싸웠어요. 나라에서는 그런 견훤이 마음에 들었어요. 그래서 견훤을 장군으로 임명했어요.

장군이 된 견훤은 더욱더 힘을 키웠어요. 병졸들을 훈련시키고 적들과 도적들을 막아 냈어요.

이때가 바로 신라의 진성왕이 나라를 다스리던 때였어요. 신라가 고구려와 백제를 차지한 건 다 알고 있지요? 고구려와 백제의 백성들은 신라에 맞서 싸우기도 했지만, 당나라를 몰아낼 땐 서로 힘을 합치기도 했대요. 그리고 차츰 신라의 백성이 되어 살아갔지요.

그런데 진성왕 땐 나라가 어지러웠어요. 진성왕의 곁에는 아첨꾼들밖에 없었거든요. 진성왕은 아첨꾼들의 말을 들으며 나랏일에 게으름을 피웠어요. 그러니까 나라의 꼴이 말이 아니었어요. 관리들의 창고에선 곡식이 쌓인 채 썩어가고 있었지만, 백성들은 먹을 게 없었어요.

엎친 데 덮친 격으로 흉년까지 들었어요. 백성들은 어쩔 수 없이 정든 집을 떠나야 했어요. 굶어 죽는 것보다는 어디 가서 구걸이라도 해야겠다고 생각한 거지요. 그래서 날이 갈수록 떠돌이꾼들이 늘었어요. 그리고 도적들도 벌 떼처럼 일어났어요.

이런 모습을 지켜보던 견훤은 가슴이 아팠어요. 차라리 왕을 몰아내고 새 나라를 세우는 게 나을 것 같았어요. 그래서 무리를 모아 서울의 서남부 지역으로 쳐들어갔어요.

그런데 백성들도 왕을 반대하는 마음을 품고 있었나 봐요. 쳐들어간 곳마다 백성들이 견훤을 반겼거든요. 다른 고을로 옮길 때엔 백성들이 따라오기도 했어요. 그래서 한 달 만에 견훤을 따르는 무리는 오천 명도 넘게 되었어요.

무진주까지 차지한 견훤은 스스로 왕이 되었어요. 그러나 처음에는 함부로 자신이 왕이라는 말을 꺼내지 않았어요. 신라의 서남부 지역을 맡은 관리라고 했어요. 백성들의 마음을 자세히 모르는데 섣불리 왕이 되겠다고 했다가 반대에 부딪히면

큰일이니까요. 무진주는 지금의 전라남도 광주예요.

다음으로 견훤은 완산주로 쳐들어갔어요. 지금의 전라북도 전주인 완산주에 살던 사람들은 너도나도 나와서 견훤을 맞이했어요. 견훤은 너무 기뻤어요.

"백제는 당나라의 장군 소정방과 신라의 장군 김유신에게 망했습니다. 너무 원통하고 분합니다. 이제 완산주에 도읍을 정하렵니다. 그리고 백제의 설움을 씻겠습니다."

이렇게 해서 후백제가 생겨나게 되었어요. 물론 첫 번째 왕은 견훤이었지요.

그런데 말이에요. 백성들의 환호를 받으며 왕이 된 견훤도 나라를 잘 다스리지는 못했어요. 견훤은 오만하고 고집 센 왕이 되어 버렸거든요. 백성들의 마음은 견훤에게서 점점 멀어져 갔어요. 백성들이 싫어하는 왕이 오래갈 리가 있나요? 결국 후백제는 45년 만에 고려에 망하고 말았답니다.

백두 낭자·한라 도령의 역사 인물 인터뷰

후백제는 왜 망하게 되었나요?

견훤 임금님! 후삼국 시대의 초기에는 후고구려가 강했지만, 궁예가 죽은 후에는 후백제가 강해지기 시작했다고 들었어요. 그런데 왜 오래 가지 못하고 망했던 거예요?

모든 것이 다 내가 자식들을 잘못 키운 탓이라고 할 수밖에 없겠구나. 나라 안에 내분이 일어나고 말았거든. 내게는 여러 명의 아들이 있었는데, 나는 그중 넷째 아들인 금강을 가장 아꼈었단다. 키가 크고 지혜도 많았거든. 나중에 왕위를 물려주어도 부족함이 없겠다고 생각했었지. 그런데 문제는 이 사실을 첫째 아들인 신검이 눈치챘다는 거야. 그래서 당시 내 책사였던 능환과 함께 둘째, 셋째와 힘을 합쳐 나를 금산사에 가두어 놓고서는 금강을 죽이고 스스로 왕위에 올랐단다.

세 아들이 아버지인 견훤을 가둔 금산사에요.

 어떻게 그럴 수가 있죠? 그래도 동생인데……. 그래서 어떻게 되었나요?

금강을 잃은 슬픔에 난 참을 수가 없었단다. 또한 이 일에 가담한 세 아들들도 용서할 수가 없었지. 그래서 몰래 금산사를 빠져나와 고려의 왕건에게로 도망쳤단다.

 네? 고려는 적국이 아니었나요? 왕건 임금님이 받아주시던가요?

왕건은 나를 잘 대해 주었단다. 자기보다 나이가 열 살이나 많다고 '상부'라고 부르며 어른 대접도 해주었지. 세 아들에게 화가 난 나는 아비를 내쫓은 패륜아를 내 손으로 벌하게 해달라고 왕건에게 부탁했단다. 그래서 왕건과 함께 후백제로 쳐들어가게 되었지. 나를 본 후백제의 군사들 중에는 나에게 충성하겠다면서 무기를 버리고 항복해 오기도 했단다. 결국 신검이 필사적으로 맞서 싸웠지만, 고려의 왕건이 대승을 거두게 되었지.

 임금님 손으로 세우셨던 백제를 무너뜨려야 했으니 많이 속이 상하셨겠네요. 게다가 아버지와 아들이 서로 적이 되어서 싸웠다니……. 너무 기막히고 슬픈 일이 아닐 수 없네요.

 충청남도 논산에 있는 견훤왕릉이에요~!

● 후고구려 ●
도둑의 무리를 이끌다가 왕이 된 **궁예**

신라 때의 이야기예요. 한 후궁이 살고 있는 궁전의 안뜰에서 하녀들이 종종걸음을 치고 있었어요.

"빨리 아기씨가 나와야 할 텐데……."

후궁이 아기를 낳고 있나 봐요. 그런데 바로 그때 하늘에서 이상한 흰 빛이 내려왔어요. 그 빛은 하늘에서 지붕까지 길게 뻗어 있었어요. 왕도 신하들도 그 빛을 보았지요.

사람들이 이상한 빛을 보며 웅성거릴 때, 후궁의 방에서 "응애! 응애!" 하는 아기 울음소리가 났어요. 드디어 아기가 태어난 거예요. 아주 예쁜 왕자였어요. 갓 태어난 왕자는 엄마 곁에서 쌕쌕 잠이 들었어요.

유모는 왕자의 얼굴을 자세히 들여다보았어요. 코와 눈과 입술을 가만히 만져도 보았어요. 유모는 왕자가 마음에 쏙 들었어요. 그런데 왕자의 입안을 들여다보던 유모가 깜짝 놀라 엉덩방아를 찧었어요.

"마마, 이가 나 있어요!"

"뭣이라구?"

후궁은 손가락으로 왕자의 입을 열었어요. 정말로 이가 나 있었어요. 막 태어난 아기는 이가 없어요. 여덟 달 정도 지나야 겨우

아랫니가 나온대요. 그런데 금방 태어난 왕자가 이가 나 있다니 정말 이상한 일이었어요.

이 일은 왕의 귀에까지 들어갔어요. 왕은 서둘러 별을 보고 점을 치는 일관을 불렀어요.

"여봐라! 갓 태어난 왕자에게 이가 나 있다고 한다. 좋은 일인지 나쁜 일인지 점을 쳐 보아라."

일관은 조심스럽게 아뢰었어요.

"이미 점을 쳐 보았습니다. 왕자님이 태어난 날짜와 시간이 좋지 않습니다. 게다가 하늘에서 흰 빛이 내려왔고 이까지 나 있다니 틀림없이 나쁜 일입니다. 어렸을 때 죽여 없애는 것이 나라를 위하는 길입니다."

일관의 말을 들은 왕은 한참을 고민하다가 결국 명령을 내렸어요. 왕자를 높은 곳에서 떨어뜨리라는 거였어요. 아기에게는 안 됐지만 임금님에게는 나라가 먼저였거든요.

무시무시한 무사들이 후궁의 방으로 들이닥쳤어요. 후궁은

갓 낳은 왕자를 꼭 껴안았어요. 하지만 무사들은 왕자를 빼앗아 높은 성벽으로 올라갔어요. 그리고 왕자를 떨어뜨려 버렸어요.
　그러나 왕자는 죽지 않았어요. 유모가 몰래 성 밑에서 떨어지는 왕자를 받았거든요. 하지만 안타깝게도 애꾸눈이 되었어요. 유모가 잘못해서 그만 왕자의 한쪽

눈을 찔렀거든요. 이 왕자의 이름은 궁예였어요.

 그 뒤 유모는 어린 궁예를 데리고 멀리 도망갔어요. 그리고 그곳에서 허드렛일을 하며 궁예를 키웠어요. 자신이 왕자인 줄 몰랐던 궁예는 마을 제일의 장난꾸러기로 자랐어요.

 어느 날 유모가 궁예를 불렀어요.

 "궁예야, 우리는 평생을 숨어서 지내야 해. 그런데 네 장난이 너무 심해 사람들의 눈에 띌까 두렵구나."

 유모는 궁예에게 궁전에서 쫓겨난 이야기를 해 주었어요. 그 말을 듣고 난 궁예는 강원도에 있는 세달사라는 절로 들어갔어요. 깊은 산 속에 있는 절에 숨어 있으면 사람들의 눈에 잘 띄지 않을 테니까요.

 그러던 어느 날이었어요. 스님이 된 어린 궁예는 그날도 다른 날처럼 나무를 하러 산으로 갔어요. 그리고 자기 몸집보다도 더 큰 나뭇단을 만들었어요. 맨날 나무를 하다 보니 이런 일은 이제 식은 죽 먹기였어요.

 궁예는 나뭇단을 만들어 놓고 한숨을 돌렸어요. 시원한 솔바람이 궁예의 땀을 식혀 주었어요. 그때 하늘에서 '까악까악' 까마귀 울음소리가 들렸어요.

"기분 나쁘게 웬 까마귀람."

궁예는 하늘을 올려다보았어요.

그런데 까마귀가 궁예 앞에 웬 부적을 한 장 떨어뜨리고 가는 게 아니겠어요.

궁예는 부적을 주었어요. 부적에는 '왕'이라는 글자가 또렷이 새겨져 있었어요. 이상한 생각이 든 궁예는 하늘을 쳐다보았어요. 그러나 언제 까마귀가 날아왔었냐는 듯이 하늘은 너무 조용했어요. 궁예는 까마귀가 어디에서 와서 어디로 갔는지 궁금했지만 알 수가 없었어요.

'이상한 일이야. 어쩌면 내가 나중에 왕이 될지도 몰라. 그렇지 않고서야 까마귀가 이 부적을 내게 줄 리가 없잖아.'

궁예는 가슴이 부풀어 올랐어요. 까마귀가 떨어뜨린 부적은 궁예에게 왕이 될 수 있다는 꿈을 안겨 주었거든요. 신라의 왕자인 궁예가 왕이 될 꿈을 품는 건 어쩌면 당연한 일이겠지만요.

늠름한 젊은이로 자란 궁예는 자신의 힘을 시험하고 싶었어요. 그래서 미련 없이 절에서 나왔어요. 궁예는 곧바로 도둑의 우두머리인 기훤을 찾아갔어요.

그러나 기훤은 사람 됨됨이가 아주 사나웠어요. 궁예를 못 살게

굴었지요. 참다못한 궁예는 기훤의 무리에서 나와 버렸어요. 그리고 양길이라는 도둑의 우두머리를 찾아갔어요. 양길은 궁예를 믿고 좋아했어요. 그래서 자신의 부하들을 떼어 주고 훈련을 시키도록 했어요. 그러니까 궁예는 부하들을 거느린 장군과 같이 된 거예요.

당시 신라는 매우 어지러웠어요. 나라에서 명령을 내려도 잘 지켜지지 않을 정도였어요. 도읍 근처에서만 겨우 왕의 명령을 따랐고, 지방은 제멋대로였지요. 힘 있는 부자들이나 관리들은 백성들을 억누르고 제 이익만 챙기기에 바빴어요. 또한 힘 있는 부자와 큰 무리를 거느린 도둑들은 난리를 일으켜 한 지역을 차지하기도 했어요. 무리가 힘을 가지려면 우두머리와 부하 따위의 체계가 있어야 해요. 나라에 왕과 신하들의 체계가 있듯이 말이에요. 그러니까 궁예는 양길의 무리 중에서 장군과 같은 역할을 맡게 된 거예요.

그런데 말이에요. 궁예는 용맹스러울 뿐만 아니라 빼앗은 물건을 여러 사람에게 골고루 나누어 주고는 하였어요. 그래서 사람들은 그런 궁예를 좋아하게 되었지요.

궁예를 따르는 병졸들은 점점 늘어났어요. 싸우기만 하면 이겨

서 강원도의 여러 고을을 차지했지요. 신라 진성왕 9년쯤엔 왕건이 궁예의 부하로 들어왔어요. 왕건은 나중에 고려를 세운 임금님이에요. 왕건의 힘까지 합친 궁예의 군대는 무서울 것이 없었어요. 신라의 북부 지방을 휩쓸었지요.

　마침내 궁예는 송악을 도읍으로 정하고 나라를 세웠어요. 그리고 옛날의 고구려를 다시 살린다는 뜻으로 나라의 이름을 후고구려라고 지었답니다.

백두 낭자·한라 도령의 역사 인물 인터뷰

후고구려는 나라의 이름이 여러 번 바뀌었다면서요?

궁예 임금님, 백제라는 이름을 끝까지 사용하셨던 견훤 임금님과는 달리 임금님께서는 나라의 이름을 여러 번 바꾸셨다는 이야기를 들었어요. 사실인가요?

그래. 하지만 사람들이 생각하는 것처럼 변덕 때문은 결코 아니란다. 당시의 상황상 그럴 수밖에 없었던 것을 좀 이해해 주었으면 좋겠구나.

처음에는 고려라고 지으셨다가 마진으로 바꾸고, 다시 태봉이란 이름으로 바꾸셨네요? 왜 그러셨던 건지 여쭤어 봐도 될까요?

음, 맨 처음에 '고려'란 이름을 쓴 것은 나라를 세울 당시에 고구려 사람들의 마음을 잡기 위해서였어. 또 '마진'은 대동방국이란 뜻으로 고구려뿐 아니라 백제, 신라까

부석사는 신라를 대표하는 절이에요. 궁예가 신라 왕의 초상을 칼로 베어버렸다던 바로 그곳이지요.

지 모두 품겠다는 의지를 담았던 거란다. '태봉'은 서로 뜻을 같이 하여 편히 사는 세상이란 뜻으로, 미륵인 내가 다스리는 이상 세계를 표현한 거지.

 하지만 신라를 싫어하셨다고 들었는걸요. 신라의 귀족들과도 관계가 좋지 못하셨다고 들었어요.

나는 왕 중심의 강력한 중앙 집권 국가를 이루고 싶었단다. 사람을 뽑을 때에도 개인의 능력에 따라 뽑힐 수 있도록 제도를 바꾸려고 했지. 하지만 신라의 골품제도로 특권을 누리던 귀족들은 나를 좋아할 리가 없었지. 내가 통일을 이루게 되면 그들은 가진 것을 다 잃고 말게 될 테니깐. 그래서 그들이 내게 그렇게 반대하는 세력으로 앞장섰던 게 아닐까 싶구나.

 아……. 그래서 임금님의 정책과 태도에 반감을 산 신하들이 반대 세력이 되어서 새 왕으로 왕건 임금님을 세웠던 거군요? 한때 신하였던 장군들이 등을 돌렸다니……. 임금님도 많이 속상하셨겠어요.

왕건과의 싸움을 포기한 궁예가 군사들을 해산시켰던 명성산이랍니다.

● 고려 ●
고구려의 기상을 이어받은 왕건

옛날 황해도 송악에 활을 매우 잘 쏘는 소년이 살았어요. 이름이 작제건이었는데, 하늘을 훨훨 나는 새도 그의 화살을 벗어날 수 없었지요.

어느 날 작제건은 어머니를 통해 들었던 당나라에 계시는 아버지를 찾으러 가기로 결심했어요. 서쪽 바닷가에 다다랐을 때, 어깨에 활을 멘 작제건이 뱃사공에게 물었어요.

"이 배는 당나라로 가는 배인가요?"

"그래. 지금 떠나니까 타려면 어서 타거라."

닻을 올리던 뱃사공이 말했어요.

작제건을 실은 배는 푸른 물살을 헤치며 나아갔어요. 바람도 알맞게 불어왔어요. 배가 앞으로 쑥쑥 나가니 뱃사공들은 기분이 좋았어요. 어느새 배는 바다 한가운데로 들어섰어요.

그런데 웬일일까요? 갑자기 배가 꼼짝도 하지 않았어요. 사람들은 겁이 덜컥 났어요. 바다 한가운데에서 오도 가도 못 하니 얼마나 두려웠겠어요?

뱃사람들은 사람들에게 걱정하지 말라고 했어요. 그리고 점쟁이에게 점을 쳐 보라고 했어요. 점쟁이는 통에 가느다란 막대기를 넣고 흔들었어요. 그리고 조심스럽게 말했어요.

"활을 잘 쏘는 사람을 두고 떠나라는데요."

그러자 모든 사람들의 눈길이 한꺼번에 작제건에게 쏠렸어요. 작제건은 깜짝놀라 한 발짝 뒤로 물러났어요. 그러자 점쟁이가 작제건에게 바짝 다가왔어요.

"어떡하겠니? 부디 우리를 원망하지 말아다오."

점쟁이는 작제건을 바다에 빠뜨릴 모양이었어요. 다른 사람들의 생각도 마찬가지인 듯했어요. 작제건은 아버지도 만나지 못하고 바다에 빠져 죽어야 한다고 생각하니 무척 서러웠어요. 하지만 어떡하겠어요? 이렇게 많은 사람들의 목숨이 달린 문제인데 말이에요. 작제건은 스스로 바다에 몸을 던지기로 했어요.

작제건이 바다에 빠지자 거짓말처럼 배가 움직였어요. 사람들은 눈물을 글썽였어요.

바다에 빠진 작제건은 높은 파도에 휩쓸려 이리저리 밀려 다녔

어요. 뭍에서 나고 자란 작제건이 무슨 힘이 있겠어요? 한없이 깊은 바닷속으로 빠져 들어갈 수밖에요.

작제건은 모든 것을 하늘에 맡기기로 했어요. 그래서 두 눈을 감았어요. 그런데 신기하게도 더 이상 바닷속으로 빠져 들어가지 않는 거예요. 슬그머니 눈을 떠보니 눈앞에 커다란 자라 한 마리가 있었어요. 자라는 작제건을 용궁으로 데리고 갔어요. 그곳에는 용왕이 기다리고 있었어요.

"여보게, 날 좀 도와주게. 천 년 묵은 여우가 날 괴롭히고 있다네. 자네의 활로 그 여우를 쏘아 죽인다면 뭍으로 나가게 해 주겠네."

작제건은 용왕의 부탁을 들어주기로 했어요. 용왕은 곧바로 작제건을 데리고 바다 위로 올라갔어요.

"조금 있으면 여우가 나타날 거야. 참, 그 여우는 부처로 변신해 있어. 그러니까 속지 말게."

작제건은 바다에 몸을 숨겼어요. 그때 자비로운 웃음을 띤 부처가 바닷가에 나타났어요. 정말로 부처가 아닐까란 생각이 들 정도였어요. 그래서 선뜻 활을 쏘지 못하고 머뭇거렸어요.

"빨리 쏘지 않고 뭐하는가?"

어디선가 용왕의 호통이 들렸어요. 작제건은 얼떨결에 활시위를 당겼어요. 그런데 딸이에요. 화살을 맞은 부처가 깨갱거렸어요. 부처가 아니라 정말로 여우였던 거예요.

그것을 본 용왕은 매우 기뻐했어요. 그래서 작제건을 위하여 용궁에서 잔치를 베풀었어요. 작제건은 커다란 문어와 자라의 시중을 받으며 잔치를 즐겼어요.

"정말 고맙네. 이제부터 두 다리를 쭉 뻗고 편히 잠잘 수 있을 것 같네. 이 은혜를 어떻게 갚을까?"

용왕이 작제건의 손을 꼭 잡으며 말을 이었어요.

"내 딸을 아내로 삼게. 그리고 용궁의 보물인 돼지를 줄 테니까 데려가게. 이 돼지는 어떤 땅이 좋은지 귀신처럼 알아맞히지. 뭍으로 나가거든 돼지가 드러눕는 곳에 집을 짓게. 그러면 대대로

좋은 일이 생길 거야."

마침내 작제건이 용궁을 떠났어요. 수많은 보물과 돼지와 용왕의 딸을 데리고서요. 뭍으로 나온 작제건은 용왕의 말대로 했어요. 돼지가 드러눕는 곳에 새 집을 짓고 행복하게 살았어요.

용왕의 딸을 위해서 마당에 우물도 팠어요. 용왕의 딸은 그 우물에서 목욕하는 걸 좋아했어요. 하지만 아무도 들여다보지 못하게 했지요.

작제건은 아내가 깊은 우물에서 목욕을 하는 게 이상했어요. 너무 궁금해진 작제건이 어느 날 몰래 엿보았어요. 그런데 그곳에서는 커다란 용이 헤엄을 치고 있는 게 아니겠어요?

깜짝 놀란 작제건은 덜덜 떨었어요. 용왕의 딸도 어느새 알았는지 눈물을 흘리며 밖으로 나왔어요.

"여보, 왜 약속을 지키지 않았죠? 이제 저는 더 이상 당신이랑 같이 살 수가 없어요."

그리고 나서 아내는 다시 우물로 들어가 버렸어요. 그 우물은 용궁과 통해 있었던 거예요. 그러니까 아내는 다시 용이 되어 영영 가 버리고 만 거예요.

작제건과 용왕의 딸 사이에는 네 아들이 있었어요. 큰아들은 왕융이었어요. 왕융은 부자인데다가 마음씨도 고왔어요. 그래서 많은 사람들이 왕융을 따랐어요.

어른이 된 왕융은 아리따운 아내를 맞았어요. 그리고 떡두꺼비 같은 아들도 낳았어요. 이 왕융의 아들이 바로 고려를 세운 왕건이에요.

왕건은 무술을 익히며 씩씩하게 자랐어요. 특히 아버지를 따라 예성강에 나가는 걸 좋아했어요. 하도 자주 나가서 송악에 있는 예성강을 눈으로 보지 않고도 어디에 무엇이 있는지 훤히 알 정도였어요. 그리고 그곳에서 왕건은 바다에서 싸우는 수군이 필요한 기술을 배웠어요.

왕건이 스무 살이 되었을 때 궁예의 군대가 송악으로 왔어요. 왕융과 왕건은 신라가 싫었어요. 왕과 신하들은 백성들을 돌보지 않고 제 이익만 차렸으니까요. 그래서 새로운 세상을 꿈꾸며 궁예의 부하로 들어갔어요.

궁예는 왕건에게 장군을 시켰어요. 왕건이 장군이 되면 그를 따르는 송악 사람들도 모두 궁예의 부하로 들어올 테니까요.

왕건은 용감하게 싸워서 경기도, 충청도의 여러 지방을 차지했어요. 그리고 스물일곱 살에는 후백제의 남쪽 끝인 금성까지 쳐들어갔어요. 금성은 지금의 전라남도 나주예요.

　금성을 공격할 때 왕건은 서쪽 바다를 따라 내려갔어요. 바다로 통하는 모든 길을 막고 난 뒤, 금성으로 쳐들어갔지요. 예성강에서 무술과 수군들의 기술을 익혀둔 솜씨가 여기에서 드러났어요. 후백제의 견훤은 금성에서 물러날 수밖에 없었어요. 왕건은 단숨에 금성과 근처의 십여 고을을 차지했어요.

　그러자 궁예는 더욱 더 왕건을 믿었어요. 그래서 왕건에게 최고 벼슬인 시중을 시켰어요. 날이 갈수록 궁예는 나랏일을 돌보지 않았어요. 남을 의심하기 일쑤였고, 사람들을 함부로 대했어요. 그래서 백성들은 궁예를 싫어했어요. 왕건이 왕이 되었으면 좋겠다고 생각했지요. 결국 궁예는 부하들에게 쫓겨났어요.

 태봉의 장군들은 왕건을 왕으로 뽑았어요. 왕이 된 왕건은 나라의 이름을 태봉에서 고려로 바꾸었어요. 고구려의 큰 기상을 이어받겠다는 뜻에서였지요. 그리고 고려의 도읍은 왕건이 나고 자란 송악으로 정했답니다.

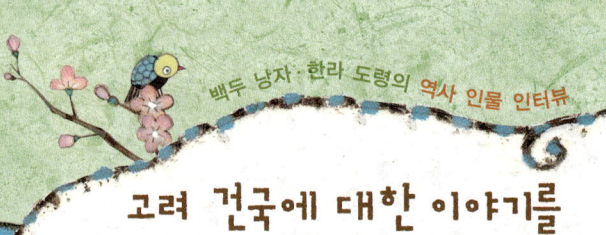

고려 건국에 대한 이야기를 좀 더 듣고 싶어요

왕건 임금님, 왕이 되신 것을 축하드려요. 나라의 이름을 새로이 고려라고 정하신 것도요. 여러 장군님의 지지를 받고 왕이 되셨다던데요.
궁예 임금님이 정말 그렇게 폭군이셨나요?

처음부터 그러시진 않았단다. 내가 처음 만나 모셨을 때만 해도 백성들의 소망을 알고 이루어 주고자 하는 마음이 강하신 분이셨거든. 그래서 나도 그러한 궁예 임금님께 충성을 다했던 거고. 그런데 임금님의 자리에 오르신 후 어느 순간부터 의심이 많아지시고, 성품이 사나워지시더구나. 나로선 어떻게 할 수 없는 참으로 안타까운 일이었지.

어떤 이상한 행동들을 하셨는데요?

왕위에서 쫓겨난 궁예가 왕건과 맞싸울 생각으로 쌓은 보가산성이에요.

한번은 불교 경전을 직접 지으셨어. 그리고 으스대면서 석총이라는 스님에게 보이셨지. 그러자 석총 스님께서는 거짓말과 떠돌아다니는 이상한 이야기를 모아 놓은 것이라며 불교 경전이 아니라고 하셨단다. 스님의 말에 화가 난 궁예 임금님은 석총 스님을 죽이고 말았지. 이때부터 성질이 더 포악해지시기 시작했던 것 같구나. 나중에는 자신에게 사람의 마음을 꿰뚫어보는 '관심법'이 있다면서 아내와 자식들까지도 의심해서 죽였지. 나도 그 관심법 때문에 죽을 뻔했다가 살아났던 사람 중 하나란다.

정말 무서운 일이네요. 그래서 홍유, 배현경, 신숭겸, 복지겸 등의 신하들이 궁예 임금님을 몰아내기로 결심했던 거군요?

그렇지. 그들의 말로는 언젠가는 자신도 죽일지 모른다는 생각에 밤잠을 못 이룰 정도라고 하더구나. 그러면서 내게 왕이 되어줄 것을 요청했지. 나도 처음엔 거절했지만, 내 부인까지도 백성의 뜻이라며 나서더구나. 그래서 하늘의 뜻이라고 생각하고 받아들이기로 했던 거란다.

춘천시 신숭겸 장군의 묘예요.

후백제와의 전투에서 왕건 임금님 대신 옷을 바꿔 입고 싸우다가 돌아가셨답니다.

함경도 지방에 이자춘이라는 무사가 있었어요. 어느 날 이자춘이 낮잠을 자는데, 꿈에 큰 관을 쓴 도사가 나타났어요.

"내 말을 잘 들으시오. 백 일 동안 정성을 다해 기도하시오. 그러면 집안에 좋은 일이 생길 것이오."

말을 마친 도사는 바람처럼 사라졌어요. 이자춘은 두리번거리다가 잠에서 깨어났어요. 도사의 말이 아직도 생생했어요. 꿈이 아닌 것 같았어요.

이자춘은 꿈속에서 들었던 도사의 말대로 백 일 동안 기도를 하기로 결심했어요. 그래서 곧장 깊은 산 속으로 들어갔어요. 그리고 커다란 바위 위에 자리를 잡고 앉아 기도하기 시작했어요.

하루가 지나고 이틀이 지났어요. 산새들이 나뭇잎 사이로 숨어 이자춘을 몰래 훔쳐보곤 했어요. 따가운 햇볕이나 차가운 밤이슬에도 아랑곳하지 않은 채 기도를 드리고 있는 이자춘이 이상한 모양이었어요.

백 일 동안 인기척도 없는 깊은 산 속에서 혼자서 지내면 얼마나 무섭고 심심하겠어요? 하지만 이자춘은 도사의 말을 생각하며 꾹 참았어요. 바위 옆에서 졸졸 흐르는 시냇물만이 이자춘의 친구가 되어 주었어요. 백 일 동안 이자춘의 목도 축여 주고, 몸도

씻겨 주었지요.

　마침내 백 일이 지났어요. 이자춘은 마지막으로 시냇물에 몸을 씻었어요. 그리고 조용히 집으로 돌아왔어요.

　그날 밤이었어요. 오랜만에 따뜻한 이불을 덮었더니 금세 잠이 왔어요. 그런데 말이에요. 백 일 전에 꿈속에서 만났던 도사가 또 꿈에 나타난 거예요.

"앞으로 옥동자를 낳게 될 것이오. 그 아이는 동쪽 나라의 대들보가 될 것이오. 그러니까 소중하게 키우시오."

도사는 그 말을 남기고 사라져 버렸어요. 이자춘은 도사의 이야기를 가슴 깊이 새겼어요.

이듬해 이자춘의 아내는 아들을 낳았어요. 아이는 어렸을 때부터 키가 크고 체격이 당당했어요. 이자춘은 아이에게 무술을 가르쳤어요. 어느새 아이는 아빠를 닮아 용감하고 씩씩한 무사가 되었어요. 이 아이의 이름은 이성계였어요.

당시 고려에는 오랑캐들이 자주 쳐들어왔어요. 이자춘과 어른이 된 이성계는 뛰어난 무술로 오랑캐를 막아 내곤 했어요. 특히 이성계는 지혜와 용기가 남달랐어요. 그래서 나라에서는 동북면 병마사라는 큰 벼슬자리를 주었어요. 이성계는 홍건적, 여진족, 반란군들을 물리치면서 점점 동북면에 큰 세력을 가지게 되었어요.

그러던 어느 날, 우왕 때의 일이었어요. 지리산에서 왜구들이 극성을 부리기 시작했어요. 나라에서는 이성계에게 군대를 이끌고 가라고 명령했어요.

이성계의 군대를 맞은 왜구들은 옴짝달싹할 수가 없었어요. 고려의 용맹스런 군사들을 당해낼 수 없었던 거예요. 결국 싸움에서 왜구들은 단풍이 바람에 떨어지듯 우수수 쓰러졌어요. 이성계 군대의 승리였어요.

싸움에 이긴 이성계가 껄껄 웃으며 다른 장군들에 말했어요.

"하하하! 나는 왜구들의 왼쪽 눈만을 쏘았다오. 두 번 다시 우리 땅에 들어오면 그땐 한 사람도 살아 나가지 못할 거요."

그 말을 들은 장군들은 쉽게 믿지 못했어요. 밀려드는 왜구를 어떻게 왼쪽 눈만 쏠 수 있단 말인가요? 그래서 호기심 강한 장군이 왜구들의 시체를 살폈어요. 그런데 말이에요. 정말로 왜구들은 모두 왼쪽 눈을 맞고 죽어 있었어요.

그 일이 있고 난 뒤부터 왜구는 이성계의 군대가 있는 곳에는 쳐들어오지 않았어요. 늘 이성계의 군대가 어디에 있는지 미리 엿보았지요.

이렇게 남쪽의 왜구들과 북쪽의 홍건적이라는 오랑캐를 무찌른 이성계의 소문은 백성들 사이에 크게 퍼져 나갔어요. 백성들은 이성계 같은 장군이 많이 나와서 나라가 평화로웠으면 좋겠다는 생각을 했어요.

1388년, 명나라에서 사신이 왔어요. 명나라 사신은 쌍성총관부가 있던 곳을 자신들에게 달라고 했어요. 쌍성총관부는 함경도 영흥 지방에 있었던 원나라의 관청이었는데 공민왕 때 몰아냈었지요. 그런데 원나라 다음으로 중국에 생긴 명나라가 그 땅을 차지하겠다는 거예요. 명나라는 그곳에 철령위라는 관청까지 만들어 버렸어요.

이 일을 두고 고려의 신하들은 두 패로 갈라졌어요. 최영의 패와 이성계의 패였어요. 최영은 우왕의 장인이었는데 명나라를 도저히 용서할 수 없다며 아예 쳐들어가자고 했어요.

그런데 이성계 쪽에서는 반대를 했어요. 이성계의 패는 중국의 성리학을 받아들이고 명나라와 가깝게 지내자고 주장하는 무리였어요.

"지금 명나라는 아주 힘이 셉니다. 고려의 군대로는 무리입니다. 그리고 농사철인데 어떻게 군사를 모집하겠습니까? 또 그 틈을 타 왜구가 쳐들어오면 어떡하지요? 더구나 비가 많고 무더운 장마철입니다. 병사들이 병에 걸리기 십상이지요."

그러나 우왕은 최영 쪽의 주장을 받아들여 곧 4만 명의 군사들을 요동으로 보냈어요. 대장은 최영이었고, 이성계와 조민수가 그 밑에서 군대를 이끌었어요.

고려의 군대는 며칠 동안 걸어서 압록강 어귀에 있는 위화도에 다다랐어요. 최영은 힘차게 명령했어요.

"압록강을 건너라!"

그런데 이성계는 영 내키지 않은 모양이에요. 자신의 군대에게 이렇게 외쳤거든요.

"말 머리를 돌려라!"

이성계의 군대는 다시 고려의 서울인 개경으로 돌아왔어요. 그리고 우왕을 몰아냈어요. 최영에겐 사형을 내렸고요.

이제 고려는 이성계 패의 세상이 되었어요. 그런데 말이에요. 또 두 패로 나누어졌어요. 고려를 그대로 두고 개혁하자는 정몽주의 패와 아예 새 나라를 세우자는 이성계의 패였어요. 정몽주의 패는 우왕의 아들인 창을 다음 왕으로 모셨어요.

하지만 이성계의 패는 창왕을 몰아

내고 공양왕을 왕위에 앉혔어요. 그리고 이런 소문을 퍼뜨렸어요.

"목자 성을 가진 사람이 왕이 된대요. 옛날부터 전해 내려오는 말이에요."

그런데 목자 성이 뭐겠어요? 한자로 나무 목(木)에 아들 자(子)를 붙이면 이(李)가 되지요. 그러니까 이 소문은 이 씨가 왕이 된

다는 거였어요.

  1392년, 마침내 이성계는 고려의 공양왕을 쫓아내고 왕이 되었어요. 이성계가 세운 나라가 바로 조선이에요. 도읍지는 지금의 서울인 한양에 세웠답니다.

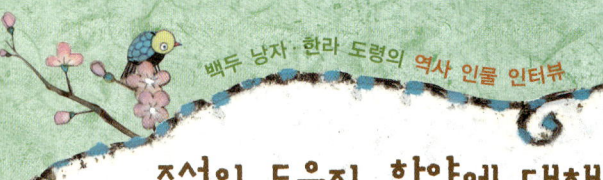

조선의 도읍지, 한양에 대해 알고 싶어요

조선을 세우고 도읍지를 정할 때, 처음에는 계룡산에 왕궁을 세우라고 명령하셨다고 들었는데요. 왜 한양으로 바꾸시게 되었나요?

계룡산으로 도읍지를 정하려 했던 이유는 금강을 끼고 있어서 백성들이 살기에 좋은 곳이라 생각해서였단다. 또한 예전에 백제의 웅진성이 있었던 곳과도 가까운 위치에 있고, 땅의 기운도 강해 보였기 때문이지. 그래서 공사까지도 시작했었는걸. 하지만 교통이 불편하고, 지역이 협소해서 도읍지로서 맞지 않다는 이유로 여러 신하들이 반대를 했단다. 그래서 바꾸게 되었던 거지.

도읍지로 새로이 다시 정하게 된 한양이 계룡산보다 훨씬 좋았나 보죠?

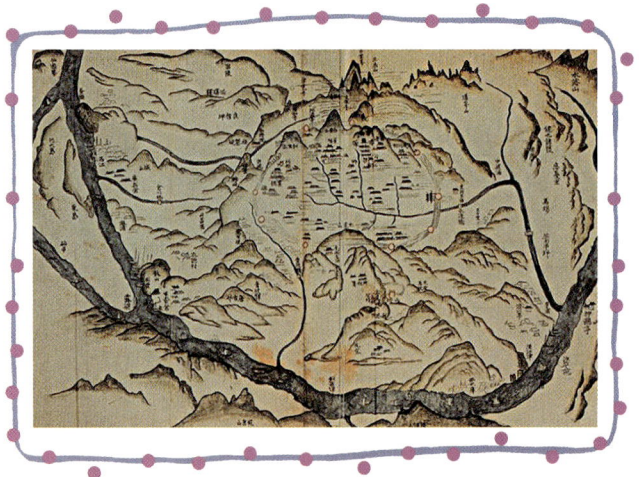

산수화풍으로 도성의 모습을 그린 지도예요.

그래, 한양에도 한강이 있어서 강을 끼고 있다는 점은 같았단다. 하지만 한양이 계룡산보다 땅이 더 기름져서 농사짓기에 안성맞춤이었지. 또한 사방이 산으로 둘러싸여 있어서 적의 침입에도 대비하고 막을 수도 있었고. 뿐만 아니라 한반도의 중심에 있고, 한강 지역까지 이어져 있어서 교통이 편리하고 무역도 활발하게 할 수 있을 장소 같았단다. 그래서 한양을 도읍지로 정하게 되었던 거지.

한양을 도읍지로 정하게 된 큰 이유 중 하나가 무학 대사님이 강력히 추천하셨기 때문이란 이야기도 있던데요. 사실인가요?

그래, 내가 무학 대사에게 좋은 도읍지를 찾아보라고 했었지. 무학 대사가 도읍지를 정하기 위해 지금의 왕십리 쪽을 가고 있을 때였어. 그때 그곳을 지나던 웬 노인 하나가 소를 몰고 옆을 지나면서 "이놈의 소! 미련하기가 마치 무학 같구나. 어찌하여 곧은 길을 버리고 자꾸 돌아서만 가려느냐?" 하였더라. 깜짝 놀란 무학 대사가 이 범상치 않은 노인에게 예를 갖추었더니 그 노인이 그곳에서 십 리를 더 가라고 하였다더구나. 그렇게 해 무학 대사가 내게 도읍지로 추천해준 곳도 바로 이 한양이란다.

광화문에 위치한 경복궁 전경이에요.

부록

교과가 튼튼해지는
우리 것 우리 얘기

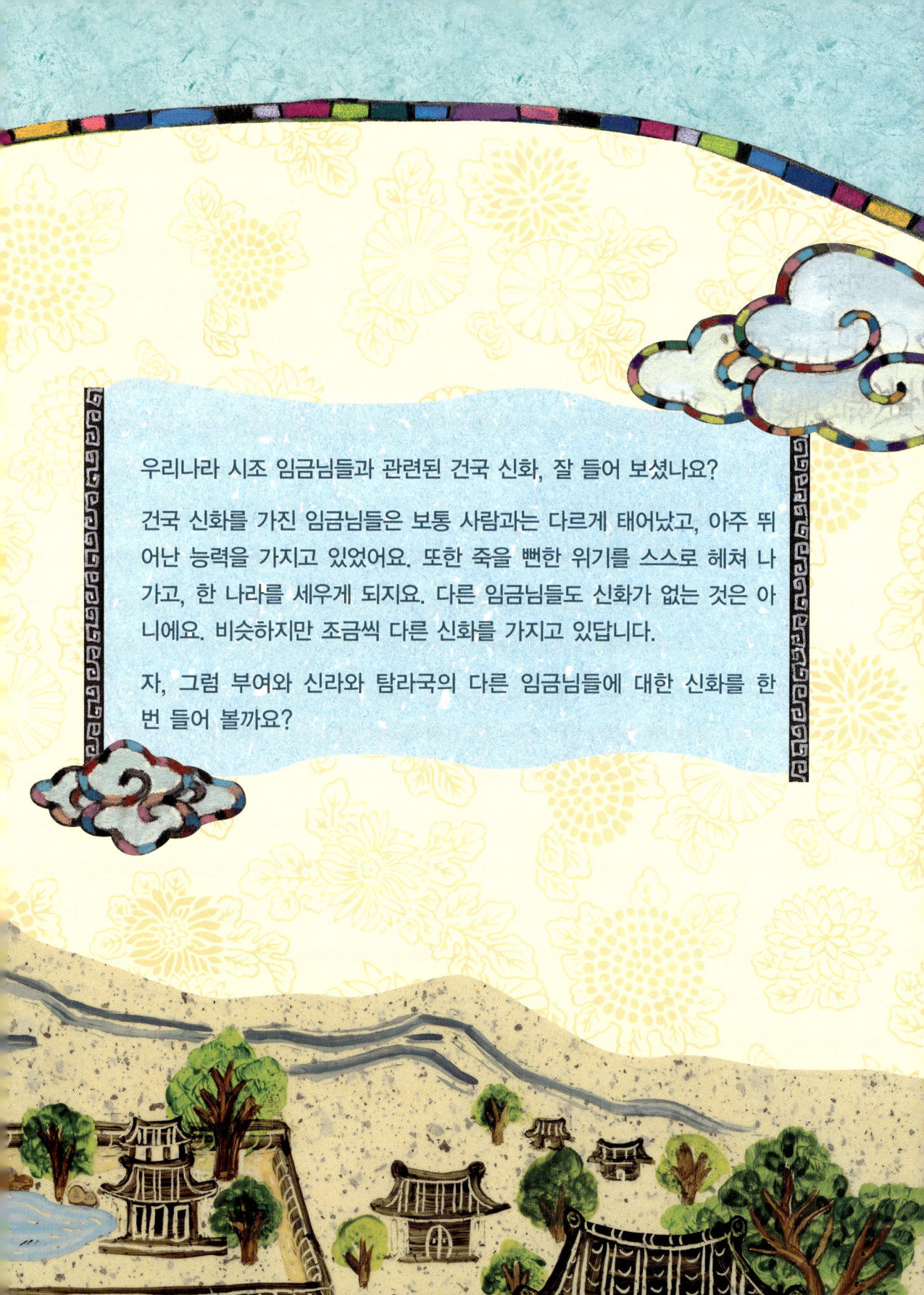

우리나라 시조 임금님들과 관련된 건국 신화, 잘 들어 보셨나요?

건국 신화를 가진 임금님들은 보통 사람과는 다르게 태어났고, 아주 뛰어난 능력을 가지고 있었어요. 또한 죽을 뻔한 위기를 스스로 헤쳐 나가고, 한 나라를 세우게 되지요. 다른 임금님들도 신화가 없는 것은 아니에요. 비슷하지만 조금씩 다른 신화를 가지고 있답니다.

자, 그럼 부여와 신라와 탐라국의 다른 임금님들에 대한 신화를 한번 들어 볼까요?

왕과 관련된 또 다른 신화 부여

고조선이 무너진 뒤에도 이 땅에는 크고 작은 여러 나라가 있었어요. 남쪽에는 마한, 변한, 진한이 있었고, 북쪽에는 동예, 옥저, 부여가 있었지요. 그중에서 부여는 고구려, 백제와 관련이 있었어요. 동부여에서 나온 주몽이 고구려를 세웠고, 고구려에서 나온 온조가 백제를 세웠거든요. 그러니까 부여는 결국 고구려와 백제의 뿌리인 셈이랍니다.

금빛 개구리, 금와

북부여의 왕 해부루에게 아란불이라는 신하가 있었어요. 하루는 아란불이 해부루 왕에게 꿈 이야기를 해줬어요. 하느님이 아란불에게 "장차 내 자손으로 이곳에 나라를 세우게 할 것이니 너희는 이곳을 피하라. 동쪽 바닷가에 가섭원이라는 곳이 있다. 땅이 비옥하여 오곡이 잘 자라니 그곳에 다시 도읍을 정하여라."라고 했다고요. 그래서 해부루 왕은 아란불의 말대로 가섭원으로 도읍을 옮기고 나라의 이름을 동부여라고 했어요.

한편, 해부루 왕에게는 안타깝게도 아들이 없었어요. 그래서 천제에게 아들을 낳게 해달라고 빌었어요. 하루는 왕이 탄 말이 곤연이라는 연못에 이르자, 걸음을 멈추고 큰 돌을 보며 눈물을 흘리는 것이었어요. 왕이 이상하게 여겨 돌을 치우게 했더니 그 밑에 금빛 개구리처럼 생긴 아이가 웅크리고 있었어요. 왕은 아이의 이름을 '금와'라 짓고, 하늘이 준 자식이라며 기뻐했어요. 이 분이 바로 하백에게 쫓겨난 유화를 보살펴주어 주몽이 태어나게 한 금와왕이랍니다.

금와왕의 신화 이야기가 소개되어 있는 일연의 『삼국유사』랍니다!

부여의 시조, 동명

옛 북이족에 탁리라는 작은 나라가 있었어요. 하루는 왕이 사냥하러 간 사이 시녀가 아이를 갖게 되었어요. 화가 난 왕이 시녀를 죽이려 하자, 시녀가 "달걀만한 기운이 하늘에서 제게 내려와 아이를 갖게 되었습니다." 라고 말했어요. 왕은 시녀를 옥에 가두어 놓았어요. 몇 달 후, 시녀는 사내아이를 낳았어요. 왕이 그 아이가 미워서 돼지우리에 버리게 했는데, 돼지들이 입김을 불어 아이가 죽지 않게 했어요. 마구간에 버리게 했더니 말들도 입김을 불어 아이를 보호했어요. 하느님이 뜻이란 걸 알아차린 왕은 아이를 그 어머니가 기르게 하고 동명이라 불렀어요. 동명은 자라서 활을 잘 쏘았는데 왕은 동명이 용감해지는게 두려웠어요. 그래서 다시 동명을 죽이려 했어요. 이에 동명은 남쪽으로 달아났는데 엄체수(송화강)가 가로막고 있는 거예요. 동명이 탄식하며 활로 물을 쳤는데 물고기와 자라 떼가 다리를 놓아주어 무사히 건널 수 있었어요. 동명은 송화강 가에 도읍을 정하고 나라 이름을 부여라고 했답니다.

아, 이곳이 바로 송화강이구나!

건국 신화는 왜 필요했던 걸까요?

백성들에게 시조의 위대함과 뛰어난 능력을 강조해서 이런 임금님이 나라를 세우고 다스리는 것이 당연하다고 생각하게 하기 위해서예요. 그래야 백성들이 임금님의 말에 쉽게 복종을 하거든요. 옛날에 백성들은 하느님의 자손, 즉 하늘과 통하는 사람을 잘 섬겨야 농사도 잘되고 걱정 없이 살 수 있어서 나라가 오래 갈 수 있다고 믿었답니다.

왕과 관련된 또 다른 신화 신라

신라는 박씨, 석씨, 김씨가 번갈아가며 왕위를 이어갔어요. 여러분도 잘 알겠지만 박씨의 시조는 신라의 시조인 박혁거세이지요. 그런데 석씨와 김씨의 시조인 석탈해와 김알지도 박혁거세 못지않게 특별한 사람이었답니다.

 바다에서 떠내려 온 궤짝, 석탈해

지금의 경주 양남면 하서리인 아진포에 아진의선이라는 할머니가 살고 있었어요. 하루는 바다에 까치들이 몰려 울고 있었어요. 할머니가 이상한 생각이 들어 배를 저어 갔더니 그곳에는 배 한 척이 놓여 있었지요. 그리고 배 가운데에는 커다란 궤짝이 있었어요. 궤짝을 열어보니 잘생긴 사내아이와 함께 보물들과 노비들이 있었어요. 아이가 말했어요. "저는 용성국의 왕자입니다. 제 부모님께선 오랫동안 자식이 없으셨는데, 어머니께서 어느 날 커다란 알 한 개를 낳으셨어요. 아버지는 상서롭지 못하다며 궤짝에 저를 넣고 바다에 띄우셨지요. 그래서 제가 여기까지 오게 되었습니다." 그래서 할머니는 아이의 이름을 석탈해라고 지었어요. 이분이 바로 신라의 탈해 임금님이시랍니다.

 나뭇가지에 걸려 있던 황금 궤짝, 김알지

신라 제4대 임금님인 탈해 임금님 때의 일이에요. 호공이 밤에 길을 가는데 계림이라는 숲 속에서 환한 빛이 났어요. 가까이 가보니 자줏빛 구름이 하늘에서 땅까지 드리우고 황금 궤짝 하나가 나뭇가지에 걸려 있었어요. 그리고 그 나무 아래에선 흰 닭이 울고 있었지요. 호공이 임금님께 아뢰자 임금님은 직접 숲으로 오셨어요. 궤짝을 열었더니, 그 안에는 사내아기가 있었어요. 임금님이 아기를 안고 대궐로 돌아오는데, 새와 짐승들이 뒤따르면서 너울너울 춤을 추었대요. 이 아이가 바로 경주 김 씨의 시조인 김알지랍니다. 김알지는 왕위를 사양했대요. 대신 그 후손들이 왕위에 올랐다고 해요.

왕과 관련된 또 다른 신화 **탐라국**

탐라국은 '섬나라'라는 뜻으로, 제주도의 옛 이름이에요. 탐모라국, 섭라, 담라, 탁라라고도 불려졌지요. 삼국 시대부터 고려 및 조선 초기까지 오랫동안 그렇게 불려왔었답니다.

 삼성혈에서 나온 신, **삼신인**

지금의 제주도인 탐라는 처음엔 사람이 살지 않았어요. 그런데 어느 날, 천둥이 울리고 번개가 치면서 한라산이 북쪽 기슭에 신령한 기운을 내렸지요. 그러자 땅이 갈라지면서 삼신인이 솟아 나왔어요. 이들의 이름은 을나였어요. 고을나, 양을나, 부을나였지요. 이 세 사람은 사냥을 하면서 살았어요. 하루는 나무로 만든 함이 바다에서 떠 왔어요. 함 속에는 벽랑국의 세 공주와 소와 말, 그리고 오곡의 씨앗이 들어 있었어요. 그래서 이들 세 삼신인은 공주들과 혼인하고, 그들이 가져온 가축과 곡식 씨앗으로 농업과 목축을 하면서 자손들을 퍼뜨리고 탐라국을 세웠답니다.

제주도에 있는 탐라국의 발상지, 삼성혈이랍니다!

〈오십 빛깔 우리 것 우리 얘기〉 시리즈
권별 교과 연계표

국 국어   사 사회   과 과학   도 도덕   음 음악   미 미술
체 체육   실 실과   바 바른 생활   슬 슬기로운 생활   즐 즐거운 생활

- 신 나는 열두 달 명절 이야기   국 3-2   사 3-1   사 3-2   사 4-1
- 관혼상제 재미있는 옛날 풍습   국 1-2   국 4-1   사 3-2   사 5-2
- 조상들은 어떤 도구를 썼을까   국 2-2   사 3-1   사 5-1   사 5-2
- 옛날엔 이런 직업이 있었대요   국 5-1   국 6-2   사 3-1   사 4-2
- 꼭 가 보고 싶은 역사 유적지   국 4-1   국 4-2   사 6-1   사 6-2
- 신토불이 우리 음식   국 3-1   사 3-1   사 5-1   사 6-2
- 어깨동무 즐거운 우리 놀이   국 4-1   사 5-2   체 4   즐 2-2
- 나라를 다스린 법 백성을 위한 제도   사 3-2   사 4-1   사 6-1   사 6-2
- 하늘을 감동시킨 효자 이야기   도 3-1   도 5   바 1-1   바 2-2
- 오천 년 지혜 담긴 건물 이야기   국 4-1   국 4-2   사 5-1   사 5-2
- 세계가 놀란 발명 이야기   국 3-1   국 5-2   사 3-1   사 5-2
- 빛나는 보물 우리 사찰   국 4-1   사 6-2   바 2-2
- 나라의 자랑 국보 이야기   국 4-1   국 5-2   사 5-1   바 2-2
- 나라를 지킨 호랑이 장군들   국 4-2   국 6-1   사 6-1   바 2-2
- 오천 년 우리 도읍지   국 4-1   사 5-2   사 6-1
- 하늘이 내린 시조 임금님들   사 5-1   바 2-2
- 옛날 관청과 공공시설   사 3-1   사 3-2   사 6-1   사 6-2
- 옛사람들의 우정 이야기   국 4-1   국 6-2   도 3-1   바 1-1
- 얼쑤 흥겨운 가락 신 나는 춤   국 6-1   국 6-2   사 3-1   음 3
- 아름다운 독도와 우리 섬   국 2-1   국 4-1   국 5-2   사 4-1
- 오천 년 우리 강 이야기   사 3-2   사 5-1

- 생명의 보물 창고 우리 생태지 국 2-1 국 4-2 사 6-1 과 5-2
- 우리가 지켜야 할 천연기념물 국 2-1 과 3-2 과 4-1 과 5-2
- 놀라운 발견 생활의 지혜 국 2-1 국 2-2 사 3-1 사 5-1
- 옛사람들의 교통과 통신 사 3-2 사 4-1 사 5-2
- 민족의 영웅 독립운동가 국 6-2 사 6-1 바 2-2
- 교과서 속 우리 고전 국 3-1 국 4-2 국 5-1 국 6-2
- 우리 국토 수놓은 식물 이야기 국 1-1 국 5-1 과 4-2 바 1-2
- 우리 조상들의 신앙생활 국 5-2 사 3-2 사 5-2 사 6-1
- 안녕 꾸러기 친구 도깨비야 국 2-2 국 3-1 국 4-1 사 3-2
- 빛나는 솜씨 뛰어난 재주꾼들 국 4-2 사 6-1 음 4 미 3, 4
- 아름다운 궁궐 이야기 국 4-1 사 6-1 미 5 바 2-2
- 전설 따라 팔도 명산 국 2-1 국 2-2 사 5-1 음 6
- 방방곡곡 우리 특산물 사 3-1 사 4-1 사 5-2
- 수수께끼를 간직한 자연과 문화 국 4-1 사 5-2 바 2-2
- 알쏭달쏭 열두 띠 이야기 국 3-1 사 3-2 사 5-2 사 6-1
- 천하제일 자린고비 이야기 국 6-2 사 4-2 도 5 실 5
- 본받아야 할 우리 예절 국 3-2 도 4-1 도 5 바 2-1
- 이야기가 술술 우리 신화 국 1-2 국 6-2 사 3-2 사 5-2
- 머리에 쏙쏙 선조들의 공부법 국 4-1 국 4-2 국 6-2 도 3-1
- 역사를 빛낸 여자의 힘 사 6-1 바 2-2
- 신명 나는 우리 축제 사 3-1 사 4-1
- 우리가 알아야 할 북한 문화재 국 4-2 사 5-1 바 2-2
- 조상들의 지혜 전통 의학 사 5-1 국 6-2 과 5-2
- 큰 부자들의 경제 이야기 사 3-2 사 4-2 사 5-2 슬 2-2
- 멋스러운 옛시조 흥겨운 우리 노래 국 3-1 국 4-1 국 5-1 국 6-1
- 봄 여름 가을 겨울 24절기 사 5-1 사 6-1 과 6-2 슬 6-2
- 멋스러운 우리 옛 그림 국 4-2 사 6-1 미 3, 4 미 5
- 나누는 즐거움 우리 공동체 국 1-2 사 3-1 사 5-2 체 4
- 정다운 우리나라 동물 이야기 국 2-1 국 3-1 국 4-1 과 3-2

오십 빛깔 우리 것 우리 얘기 16
하늘이 내린 시조 임금님들

초판 1쇄 인쇄 | 2011년 2월 28일
초판 16쇄 발행 | 2022년 11월 30일

글쓴이 | 우리누리
그린이 | 정소영

대표이사 겸 발행인 | 박장희
제작 총괄 | 이정아
편집장 | 조한별

디자인 | SU

발행처 | 중앙일보에스(주)
주소 | (04513) 서울시 중구 서소문로 100(서소문동)
등록 | 2008년 1월 25일 제2014-000178호
문의 | jbooks@joongang.co.kr
홈페이지 | jbooks.joins.com
네이버 포스트 | post.naver.com/joongangbooks
인스타그램 | @j__books

ⓒ 우리누리, 2011

ISBN 978-89-278-0103-0 14800
     978-89-278-0092-7 14800(세트)

- 이 책은 저작권법에 따라 보호받는 저작물이므로 무단 전재와 무단 복제를 금하며 책 내용의 전부 또는 일부를 이용하려면 반드시 저작권자와 중앙일보에스(주)의 서면 동의를 받아야 합니다.
- 책값은 뒤표지에 있습니다.
- 잘못된 책은 구입처에서 바꿔 드립니다.

주니어중앙은 중앙일보에스(주)의 어린이 책 브랜드입니다.